Eug. LE ROY

RECHERCHES

SUR

L'ORIGINE ET LA VALEUR

DES

PARTICULES DES NOMS

DANS

L'ANCIEN COMTÉ DE MONTIGNAC

EN PÉRIGORD

BORDEAUX
IMPRIMERIE DU SUD-OUEST (A. DELAGRANGE)

1889

RECHERCHES

SUR

L'ORIGINE ET LA VALEUR

DES

PARTICULES DES NOMS

DANS

L'ANCIEN COMTÉ DE MONTIGNAC

EN PÉRIGORD

§ I. — Considérations générales.

S'il est une opinion généralement répandue, c'est celle qui attribue aux particules *de, du, des,* placées devant un nom, une valeur nobiliaire.

Cette opinion est-elle fondée, ou est-elle un simple préjugé? Ces deux alternatives ont eu des défenseurs, et de part et d'autre on a allégué des ordonnances, cité des auteurs, rapporté des arrêts, multiplié les preuves de raisonnement et de fait, et cependant la question est encore indécise dans l'esprit de quelques personnes. Quant au public en général, il n'hésite pas; la particule est pour lui la marque distinctive de la noblesse; comme les armoiries d'ailleurs, bien que dans l'armorial de 1696, le nombre des armoiries des non nobles excède de beaucoup celui des nobles, puisque les trois quarts des blasons qu'il contient, appartiennent à des roturiers.

Dans une question de cette nature, il est nécessaire de tenir compte de la différence des temps, et des variations de la législation et de la jurisprudence nobiliaires.

Que Louis XI, Henri IV, Louis XIII, aient concédé à quelques particuliers le droit de mettre devant leur nom la particule *de;* que le parlement de Toulouse ait ordonné en 1566, de rétablir sur le tableau de l'ordre, devant le nom d'un procureur, cette particule omise, et ce, comme signe de noblesse; ce ne sont là, que des faits particuliers, sujets à discussion, non susceptibles d'une application générale, et auxquels on peut opposer d'autres faits.

Il est certain du moins, et les anciens auteurs en font foi, que la qualité de noble était indépendante de la particule.

« Ceux qui mettent ces particules au-devant de leur nom, dit Loiseau, veulent qu'on croie que leur nom vient de quelque seigneurie qui était d'ancienneté dans leur maison..... Mais quoi! notre nouvelle noblesse ne pense que ceux-là soient gentilshommes, dont les noms ne sont pas ennoblis par ces articles ou particules, combien que les chroniques nous témoignent que jadis, les plus notables familles de ce royaume ne les avaient..... »

« Les véritables gentilshommes, dit La Roque, ne cherchent point ces vains ornements; ils s'offensent même quand on les leur attribue, et ils ne peuvent souffrir qu'à regret qu'on leur impose une fausse couleur qui au lieu de donner de l'éclat à leurs familles, en ternit l'ancienneté. C'a été pour cette raison que Jacques Tézart, seigneur des Essarts, baron de Tournebu, se tint autrefois pour fort offensé qu'on eut ajouté la particule *de*, à son ancien et illustre nom. »

« Si les arrêts et les ordonnances étaient ponctuellement observés, dit le sieur Favre, il ne se verrait pas tant d'usurpateurs qui ressemblent aux ignorants, tant nobles que roturiers, qui sont si simples, qu'ils croient se rehausser en ajoutant devant les surnoms de leurs maisons, qui n'ont pas de juridiction, la diction *de*, *du* ou *des*; en quoi ils se trompent lourdement, parce que cette diction *de*, *du* ou *des*, emporte toujours avec soi, un titre de juridiction, laquelle doit être sous le nom de la maison et de la famille. »

« Nous avons aussi, dit Dumarsais dans l'Encyclopédie, des maisons très illustres et très anciennes, dont le nom n'est point précédé de la préposition *de*, parce que ce nom n'a pas été tiré d'un nom de terre: c'est un nom de famille ou de maison. Il y a de la petitesse à certains gentilshommes d'ajouter le *de* à leur nom de famille: rien ne décèle tant l'homme nouveau et peu instruit. »

On pourrait continuer les citations, mais en voilà assez pour montrer, qu'il n'y a aucune corrélation nécessaire, entre la possession de la particule et celle de la noblesse : D'autre part, il est constant que la particule a précédé, et précède encore, beaucoup de noms de roturiers. Sur ces deux points d'ailleurs, les preuves de fait abondent; on en verra plus loin des exemples.

Il est indispensable, pour se former une opinion juste sur cette question, de rechercher l'origine des particules.

On peut considérer comme ayant une valeur nobiliaire, dans la plupart des cas, les particules qui précèdent des noms patronymiques empruntés à une terre noble ; celles mises devant des noms patronymiques nobles, non terriens ; et enfin celles qui sont placées devant des noms de terres nobles, précédés d'un nom patronymique noble.

Lorsque les rois d'origine franque, établirent des chefs militaires comme gouverneurs d'un territoire ou d'une province, comté, duché, etc. ; ceux-ci se qualifiaient de ducs, de comtes, de tel ou tel duché ou comté. Cette qualification était attachée à une fonction effective, et cessait avec la fonction. Plus tard, ces gouvernements étant devenus des fiefs héréditaires, les descendants de ces ducs ou comtes, portèrent successivement le titre conféré à leur ancêtre, et furent désignés par ce titre ; mais dans l'origine cette désignation ne constituait pas une forme de nom. Ainsi, par exemple, le titre de comte de Périgord, appartenait au gouverneur, plus tard, au possesseur du comté de ce nom, et il a été porté par des familles n'ayant aucune communauté d'origine. Laissant la, Félicissime institué par Clovis, selon le père Dupuy, on trouve à partir de Wulgrin Taillefer créé comte de Périgord par Charles le Chauve, sa postérité en possession de ce titre, jusqu'à Bozon, comte de la Marche, qui devint comte de Périgord après l'extinction de la descendance mâle de Wulgrin. Après la prise d'Archambaud VI dans le château de Montignac par le maréchal Boucicaut, le titre passa à Louis de Valois duc d'Orléans, puis à Jean, bâtard d'Orléans, son fils. Charles d'Orléans, dont Jean était le frère naturel, ayant repris le comté, le vendit à Jean de Bretagne comte de Penthièvre, dont la nièce le porta dans la famille d'Albret, d'où il passa à la famille de Bourbon.

C'est ainsi que les sires de Pons, ont été comtes de Montignac, ainsi que les Talleyrand, et que ce titre est passé à la famille d'Hautefort lorsque celle-ci eut acquis le comté d'Henri IV, en 1603 : on voit que devant un nom de seigneurie, ou de terre, le *de*, était essentiellement possessif ; on ignorait en ce temps, les titres métaphysiques, ne reposant sur rien, purement syllabiques, qui foisonnent aujourd'hui.

Plus tard, soit pour distinguer leur race, soit pour s'attribuer une ancienne origine, les possesseurs, de terres nobles, fiefs et seigneuries héréditaires, dont beaucoup avaient passé successivement à différentes familles, en prirent le nom. Les auteurs diffèrent sur l'époque où cet usage commença à s'établir. Il en est qui le placent au commencement du X° siècle; d'autres plus probablement vers la fin du XI° : au moins il paraît certain, que c'est dans une charte de 1062, qu'on a trouvé pour la première fois, un seigneur joignant à son nom, celui de son fief, au moyen d'une particule. Cependant le père Anselme, dit que pour la plupart des maisons nobles, ce sont les généalogistes des XVII° et XVIII° siècles, qui imposèrent comme nom général à toutes les branches, celui du chef de la famille, ou de la principale terre titrée, que jusqu'alors quelques membres seulement avaient porté.

Cette opinion peut paraître fondée. Il est possible cependant, et je suis porté à le croire, que les généalogistes ne firent que généraliser et réglementer un usage déjà adopté par des familles nobles. Mais cet usage était loin d'être la règle générale, car au XVI° siècle, Montaigne se plaignait encore de l'usage contraire qui consistait à appeler chacun, par le nom de sa terre ou seigneurie, « comme la chose du monde qui fait le plus mesler et mescognoistre les races. »

Pendant longtemps, la plupart des nobles, et des plus grandes maisons, ne portèrent pas de titres ; ils faisaient dans les actes, suivre ou précéder leur nom patronymique, de la qualité de : messire, damoisel, noble homme, écuyer, chevalier. Plus tard, ainsi qu'on vient de le voir, les possesseurs de terres nobles joignirent à leur nom celui de leur terre, au moyen de la particule ; mais alors la qualité de *seigneur* était *toujours sous entendue*. Les nombreuses érections de terres en duchés, marquisats, comtés, faites dans la suite, notamment aux XVI° et XVII° siècles, en multipliant le port de titres qui nécessitaient l'emploi de la particule, contribuèrent sans doute à en répandre l'usage. Les cadets de famille, les officiers de fortune, les nobles qui n'avaient pas de terre, mirent par imitation, ou pour les motifs indiqués par les auteurs rapportés plus haut, la particule devant leur nom patronymique, ou prirent le nom de la terre possédée par leur aîné, en le faisant précéder de cette même particule, qui devint ainsi d'un usage presque général parmi la noblesse.

On peut admettre que jusque vers la fin du XVI° siècle, la particule devant un nom de fief noble, indiquait la noblesse de celui qui le portait. Il est nécessaire de préciser, car l'ordonnance de Blois, rendue en 1579, porte que « les roturiers et non nobles, achetant fiefs nobles, » ne seront pour ce, ennoblis, ni mis au rang et degré des nobles, de » quelque revenu et valeur que soient les fiefs par eux acquis. »

Auparavant, la terre noble anoblissait : ceux qui possédaient un fief noble, et vivaient noblement, étaient tenus pour nobles. Par conséquent, la possession de la particule précédant un nom de fief noble, postérieurement à l'ordonnance de 1579, n'emporte pas nécessairement la qualité de noble, pour la famille qui portait ce nom. Il faut encore que la possession soit antérieure à l'ordonnance de Blois.

§ II. — Particules roturières.

On ne niera pas, je crois, que depuis cette ordonnance jusqu'en 1789, une infinité de roturiers enrichis, de bourgeois parvenus, n'aient acquis des fiefs nobles dont ils ont pris le nom, soit purement et simplement, soit en le joignant au leur.

A cette source nombreuse de particules roturières, il faut en ajouter plusieurs autres, et même de plus anciennes.

On trouve dans d'anciennes chartes citées par les auteurs qui ont étudié ce sujet, des noms ainsi énoncés : *Bernardus Giraudi, Guillelmus Boieri, Petrus Roberti*, etc., qu'on a souvent traduits en français en les mettant au génitif, ce qui faisait : Bernard *de* Giraud, Guillaume *de* Boyer, Pierre *de* Robert; c'est-à-dire : *fils* de Giraud, *fils* de Boyer, *fils* de Robert. C'est ainsi que procèdent les peuples peu avancés en civilisation; les Orientaux et les Arabes Algériens ne font pas autrement.

J'ai vu quelque part que cette traduction est défectueuse, parce que les noms à particule indiquant l'origine ou la possession féodale, se mettaient à l'ablatif : *Gerardus de Costa*, et qu'ainsi ces derniers noms seuls doivent être traduits avec la particule.

Je suis extrêmement loin d'être en état de décider la question; je ferai seulement remarquer qu'il ne s'agit pas ici d'une particule nobiliaire, mais d'une particule telle quelle, indiquant simplement la filiation.

Cet usage de désigner les enfants par leur prénom suivi du nom du chef de famille, précédé de la particule qui indiquait la relation, était fréquent dans le Midi, le Languedoc, la Gascogne; on disait : Jean *de* Bernard, Marie *de* Bertrand; c'est-à-dire : Jean *fils* du chef de famille Bernard, Marie *fille* du chef de famille Bertrand. Dans ces pays, presque tous les contrats de mariage du XVIIe siècle ou du commencement du XVIIIe, donnent en conséquence la particule à la mariée, mais non à son père. J'en trouve un exemple à Montignac, dans un acte de baptême du 5 juin 1743, d'une fille de Jean Labrousse sieur du Claux et de Catherine *de* Martel. Le parrain et grand-père est appelé Jean Martel maître perruquier, sans particule. On rencontre, paraît-il, dans les familles méridionales, beaucoup de noms dont la particule n'a pas d'autre origine que cet usage.

Cette façon de désigner les individus n'est pas inconnue en Périgord où on trouve beaucoup de familles qui portent un surnom, ou sobriquet patois, qui appartient ordinairement à la branche aînée, quelquefois à toutes les branches, et se transmet héréditairement. On en trouve un assez grand nombre à Montignac, où il y a des maisons qu'on ne désigne pas autrement : *tsas Bounarmo; tsas Périgord; tsas Lillo; tsas Charlicoto; tsas Bartollo; tsas Maury; tsas Pierriquet; tsas Marzat; tsas Jannissou; tsas Chavillou; tsas Taupou; tsas Baro-Sécho*, etc. Quelques anciens disent encore en supprimant le *chez*, pour abréger : *Jean dé Marsalou; Pierré dé lo Marto; Jean dé lo Ménou*, etc.

Les particules de cette provenance, ne sont donc qu'une forme orthographique des noms, et si dans les provinces méridionales, elles indiquent ordinairement l'ancienneté, elles ne signifient pas la noblesse.

Une déclaration de Louis XIV, en date du 3 avril 1696, permit aux possesseurs de biens en roture situés dans les directès du roi, d'en prendre le nom. Cette concession fut encore l'origine d'une certaine quantité de particules portées très régulièrement, mais parfaitement roturières.

Les noms à particule ont encore une autre source, de beaucoup la plus abondante; c'est celle qui exprime simplement un lieu d'origine ou d'habitation. Dans les temps anciens, nos ancêtres n'avaient qu'une appellation individuelle unique, à laquelle on joignait s'il était besoin l'indication de l'ascendance. Lorsque le Christianisme eut définitivement prévalu, cette appellation fut ordinairement empruntée au calendrier chrétien. A la fin du VIe siècle, le pape Grégoire enjoignit de prendre au baptême le nom d'un saint, et jusqu'à la Révolution, il y eut des personnes qui n'en avaient point d'autre, entre autres, les serfs du Jura. Comme le disait le marquis de Langeron, pour cette canaille, le nom d'un saint : *Jean, Pierre, Jacques*, suffisait.

Mais quelque soin qu'on ait pris de le grossir, le catalogue des saints était fort loin d'être suffisant. Montaigne rapporte que, dans une cour plénière tenue en 1171, près de Bayeux, il se trouva cent dix chevaliers du nom de *Guillaume,* sans compter les simples gentils-hommes et les serviteurs. Il devint donc nécessaire, de trouver un moyen de distinguer tous les individus portant le nom d'un même saint. Parmi les nobles, certains prirent des surnoms tirés du caractère, d'une qualité morale, d'une action notable, ou de quelque circonstance physique; surnoms devenus quelquefois héréditaires, comme : *Taillefer, Beaupoil, Talleyrand.* Par la suite les noms de fiefs joints soit au prénom, soit au prénom et au surnom, servirent à distinguer les familles.

A l'égard des roturiers, vilains, serfs, artisans, les noms furent aussi tirés souvent d'une circonstance personnelle; c'était de véritables sobriquets, comme : *Grand, Gros, Petit, Brun, Blanc, Roux,* ou encore de la profession des individus, comme : *Faure, Fournier, Moulinier, Teyssier,* etc., mais surtout du lieu d'origine. Le curé de la paroisse, pour désigner un mort quelconque qu'il enterre, indique le lieu d'habitation : Jean, *du Mas,* ou *del Mas;* Pierre, *du Puy,* ou *del Pech,* ou *del Pey,* ou *del Py;* Guillaume, *du Bois,* ou *del Bos;* selon qu'il francise la désignation, ou qu'il la couche en patois sur son registre. Le feudiste qui confectionne le terrier du seigneur, ne procède pas autrement : François, *du Treuil,* ou *del Treuil;* Antoine, *du Prat,* ou *del Prat;* Jacques, *du Mont,* ou *del Mont.* Ainsi font les tabellions, les collecteurs des dîmes et des tailles : Baptiste, *du Moulin,* ou *del Mouly;* Etienne, *du Rieu,* ou *del Rieu;* Léonard, *du Four,* ou *del Four;* les exemples abondent. Certains noms, assez rares, indiquent et l'origine et l'habitation, comme d'*Hironde d'Auxerre;* d'Hironde (Saint-Geniès), origine; d'Auxerre (Lachapelle), habitation. On peut remarquer ici, que la plupart des noms périgordins ont eu d'abord la forme patoise, que dans l'ancien comté de Montignac, et aux environs, beaucoup ont conservée, tandis que d'autres se sont francisés, entièrement ou en partie. Parmi les exemples de ces transformations, on peut citer celui-ci : *Duchêne.* Sous sa première forme patoise, c'est *del Jarry,* ou *del Jarric :* francisé à moitié par le fait d'un curé ou d'un notaire, il devient *du Jarry,* ou *du Jarric,* puis, *du Chêne* et enfin *Duchêne.*

Dans la forme actuelle de ces noms, la particule n'est pas séparée; ainsi on écrit Deljarry, Dujarric, Duchêne, Dupuy, Delpech, Delpy, Dubois, Delbos, Dumas, Delmas, etc. C'est une simplification assez ordinaire dans le Périgord, où la tendance est à l'écourtement des noms. Ainsi tandis que dans le Nord on écrit : *Legrand, Leroux, Legros;* ou même en séparant l'article : *Le Faure, Le Tessier, Le Roy;*

on dit chez nous : *Grand, Roux, Gros, Faure, Teyssier, Rey*, etc. La réunion ou la disjonction de la particule ne signifie donc rien. Au surplus, on verra plus loin que cette réunion a été une affaire de mode, même pour les plus grands noms.

§ III. — Relation des noms de famille avec les noms de lieux.

Je vais essayer de montrer par les faits, que les noms commençant par une particule, patoise ou française, jointe ou disjointe, viennent, sauf des exceptions peu nombreuses, de la source que j'ai indiquée ci-dessus.

Il est naturel de supposer que la population de la ville de Montignac a été fournie originairement, ou ce qui est plus important, alimentée incessamment par le pays d'alentour, et exceptionnellement, par des localités un peu plus éloignées. Ceci admis, l'opinion que j'émets est justifiée par l'examen des noms commençant par *de, du, des*, en les conférant avec des noms de lieux voisins. J'ajoute que la relation peut être médiate ou immédiate :

Dalbavie	*Albavie* — Plazac.
Dauriac	*Auriac* — commune.
Delbancut	*Le Bancut* — Bars.
Debord	*Bord* — Montignac, Saint-Rabier.
Delbonnel	*Le Bonnel*, grand et petit — Thenon.
Delbos	*Le Bos* — Montignac, Auriac, Plazac, Valojoux, Bars, etc.
Delcombel	*Le Combel* — Aubas, Auriac.
Delfouilloux	*Le Fouilloux* — Ajat.
Deljarry	*Le Jarry* — Saint-Rabier. Le *Jarry carré*, Le *Jarrypigier* — Thenon — peut venir aussi d'un tènement, indiqué par un chêne (*jarry*).
Dufraisse	*Le Fraisse* — Montignac, Valojoux — peut venir aussi d'un lieu dit indiqué par un frêne (*fraissé*).
Debiard	*Biard* — Montignac, Peyzac.
Degrèze	*Grèzes* — commune, *La Grèze* Les Farges, Tamniers, Terrasson.
Desmons	*Mons* — Archignac.

Delprat	*Al Prat* — Fleurac — peut aussi provenir d'un pré quelconque.
Delmas Dumas	*Le Mas* — Auriac, Tamniers, Marquay, Sireuil, Tursac, Saint-Rabier, Sarlat, Archignac, Fleurac, etc., on appelait autrefois : *Mas*, une habitation rurale isolée.
Delpech Delpeuch	*Le Pech* ou *Peuch* — Plazac, Beauregard, Fleurac, Saint-Amand, La Cassagne, Saint-Geniès.
Delpy	*Le Py*, ou *Pic* — Archignac, Saint-André-Allas, Vaunac.
Dupuy	*Le Puy* — Auriac, Ajat, Azerat, Fossemagne. On peut remarquer ici une différence marquée dans la manière d'écrire les noms. Sur la rive gauche de la Vézère, on dit, suivant la forme du patois du Périgord noir, *Le Py*, *Le Pech* ou *Le Pic*; tandis que sur la rive droite, dans le Périgord blanc, on dit *Le Puy*.
Delrieux Delrieu	*Les Rieux* — Saint-Lazare, *Le Rieu* — Jayac, ce nom peut aussi venir du voisinage d'un ruisseau.
Delsourbier Delsorbier	*Le Sorbier* — Montignac, Bars, Marquay, Marcillac, La Cassagne — ou d'un canton indiqué par un sorbier ou cormier.
Delteil	*Le Theil* — Jayac, Marquay.
Deltreuil Dutreuil	*Le Treuil* — Auriac, Saint-Amand, Journiac, Rouffignac, Villac.
Deltreil	*Le Treil* — Rouffignac.
Desmaisons	*Maison Selve* — Archignac, *MaisonNeuve*, Fossemagne, *La Maison du curé* — Sarlat, *Les Maisonnettes*, Montignac.
Demouneix	*Mouneix* — Montignac.
Desplat	*Splat* — Saint-Amand; je crois qu'on écrit à tort *Asplat;* c'est suivant la forme patoise, *a Splat*.
Delbarry	*Le Barry* — Condat, Jayac, Marcillac, Sarlat. Les faubourgs de Montignac; *Le Barry de Bombareau, Le Barry de Beynaguet, Le Barry de la Renaudie, Le Barry de Lachenal, Le Barry du chef du Pont*.
Dourval	*Orval* — Plazac; en patois : *Ourval*.
Dubreuil	*Le Breuil* — Montignac, Thonac, Saint-Geniès, Fanlac, Ajat, Marquay, etc.
Duclaud	*Le Claud* — Ladornac, Eyvigues.
Dufour	*Le Four* — La Cassagne — ce nom vient aussi sans doute de la possession ou de l'exploitation d'un four, banal, ou autre.

Delperrier   *Le Perrier* — La Bachellerie, Archignac.
Delage   *Lage* — Auriac, Saint-Lazare.
Decoly   *Coly* — commune.

Pour quelques-uns des noms de cette forme, je n'ai pu trouver de lieu dit correspondant. *Descamps, Dumoulin, Dubuisson*, par exemple. Ceux-ci s'expliquent assez, la provenance est visible. Mais j'avoue qu'il en est d'autres qu'on ne peut classer parmi les noms d'origine et dont je n'aperçois pas la provenance, comme : *Destrieux, Dezon*, que j'ai vu écrit anciennement : *des Hons*. Le dictionnaire de M. de Gourgues mentionne bien dans la commune de Saint-Laurent-des-Vignes, un lieu appelé *Ons*, anciennement *Hons*, mais cela est bien loin.

Il y a encore, *Dhomme, Doublein, Doucet, Durand, Dubernard*. A l'égard de ce dernier, peut-être est-ce un nom indiquant à l'origine le fils d'un Bernard. Il y a aussi dans la commune de Condat, un lieu-dit appelé : *chez Dome*, mais je ne crois pas qu'il y ait quelque relation : ce nom de lieu paraît ici, venir, au contraire, d'un possesseur.

Il est nécessaire d'aller au devant d'une objection.

On dira peut-être : pourquoi les localités au lieu de donner leur nom à des individus, n'auraient-elles pas pris le leur de leur premier occupant ?

A ceci, on peut répondre d'abord, que dans ce cas, le *de* qui indique la relation, la provenance, devrait être joint au nom de lieu et point au nom d'homme ; comme si, par exemple, un nommé *Lage*, avait imposé son nom à un lieu appelé *Delage*, comme qui dirait la terre de *Lage* ; ce dont je ne connais pas d'exemple. Il est bien vrai cependant que des individus ont donné leur nom à des localités, mais alors l'appellation du lieu est caractéristique ; il se nomme quelquefois tout bonnement : *chez Gauthier, chez Raymond, chez Dome*. Cette forme qui est assez commune dans certaines parties du Périgord, est très peu usitée à Montignac et aux environs. Dans toute la province d'ailleurs, en général, les lieux qui ont reçu leur nom de leur premier possesseur ou occupant, sont faciles à reconnaître, en ce que ce nom est précédé de l'article *la* et suivi de la terminaison *ie*. Ainsi, *L'Audigerie*, c'est-à-dire l'habitation d'*Audigier* ; *La Grandie*, l'habitation de *Grand* ; *La Gerbaudie*, l'habitation de *Gerbaud* ; *La Guyonie*, l'habitation de *Guyon* ; *La Pagésie*, l'habitation de *Pagès* ; *Leymarie*, l'habitation d'*Eymar*, etc.

Il se peut d'ailleurs que des lieux-dits, après avoir reçu leur nom de leur premier occupant, l'aient plus tard transmis à des propriétaires postérieurs. Ainsi : *La Renaudie, La Bertrandie,* après avoir reçu leur nom d'un Renaud, d'un Bertrand, ont pu le transmettre à un autre possesseur qui s'est appelé : un tel, *de La Renaudie,* un tel, *de La Bertrandie.*

Il est donc certain que les noms commençant par une particule indiquant le lieu d'origine ou d'habitation, ont été originairement écrits en deux mots. La tendance à la simplification que j'ai signalée plus haut, comme la raison de la réunion des particules au nom, n'est pas la seule. Il y a eu en ceci, comme en tout, des questions de mode. Aux XVIe et XVIIe siècles, on joignait souvent la particule au nom, même pour les plus illustres maisons ; ainsi on écrivait *Demontmorency* et *Derohan,* comme *Dupont* et *Dufour.* Vers le XVIIIe siècle, on en revint à l'orthographe rationnelle, pour les noms des nobles, ou gens vivant noblement, qui ordinairement étaient des noms de fiefs, de seigneuries, de terres, ce qui appelait cette disjonction. Quant au vulgaire il resta en général, *Dumas* et *Delmont,* comme ci-devant, le nom subsistait, mais l'origine était oubliée.

Il est probable d'ailleurs, que cette séparation ne répondant plus la plupart du temps, pour les noms roturiers, a une réalité effective, ceux qui les portaient s'en sont tenus à la dernière forme. Il se peut aussi que les nobles, anciens et nouveaux, les nouveaux surtout, aient vu d'un mauvais œil ces noms à particule, d'origine roturière, et que le vulgaire ait dû pour cette raison, s'en tenir au dernier usage d'écrire ces noms en un seul mot. Au surplus, une déclaration en date de 1699, défendit aux non nobles, l'usage de la particule. Cette défense qui ne fut jamais très bien observée, mais qui au contraire provoqua les usurpations sous diverses formes, ne contribua pas peu à établir, malgré les démonstrations des généalogistes et des grammairiens, le préjugé qui attribuait à la particule une valeur nobiliaire. De ce moment, les petits bourgeois propriétaires, prirent le nom de leur domaine, de leur métairie, ou même d'une pièce de terre, en dépit de la déclaration de 1699. Ces noms pris par vanité, foisonnent au XVIIIe siècle. On trouve aussi un certain nombre d'exemples de noms de paysans, d'artisans, s'écrivant avec une particule séparée, qui ferait le bonheur des *Dubois* et des *Dulac,* ambitieux d'aujourd'hui : cette orthographe était un reste de l'usage primitif.

Il est clair que toutes les particules de cette nature, n'ont aucune signification nobiliaire.

§ IV. — Noms de terre joints à des noms de famille roturiers.

Voici une autre source de particules roturières, qui a meilleur air, mais qui n'a pas plus de valeur.

On a vu que l'ordonnance de Blois édicta que les possesseurs de fiefs nobles, ne seraient pas anoblis par cette possession. Cela n'empêcha pas une foule de bourgeois enrichis d'acquérir des fiefs, et de s'en qualifier seigneurs. Ainsi vers la fin du XVIII° siècle, un certain Delcombel, d'une famille de cultivateurs, originaire du Vignal, paroisse d'Auriac, ayant acquis un très petit fief, dont l'origine remontait à une tour située dans le voisinage du village *del Bos,* tour qui n'existait même plus déjà, se qualifiait : *Seigneur de la Tour del Bos.*

Ces roturiers n'étaient point considérés comme nobles, au moins par les nobles anciens ou les anoblis. Si plus tard, en 1789, certaines sénéchaussées par des considérations politiques, les admirent à voter dans les assemblées de la noblesse, la plupart des autres leur refusèrent ce droit. Il est bien vrai cependant que le paysan, que le redevable de rentes payables au lieu principal du fief, s'habitua peu à peu, à considérer comme noble, celui qui tenait ce fief et vivait noblement, c'est-à-dire de ses revenus, et percevait la redevance seigneuriale. Quant à celui-ci, il n'en doutait pas. Maintenant la Révolution a passé sur ces choses, et les descendants de ces roturiers passent pour nobles, sans difficulté ; et souvent de vieille roche, qui plus est.

Et combien d'autres encore ! Je viens de le dire : Tout bourgeois possesseur d'un domaine, d'une métairie, ne manquait pas d'en prendre le nom, et se qualifiait : Desvignes, *sieur de Fonfroide ;* Laroche, *sieur de Coulougnac ;* Dujarric, *sieur de La Garde ;* Dujarric, *sieur du Verdier ;* Tardif, *sieur de Laborderie* (Procureur d'office de la Comté de Montignac) ; Vertuel, *sieur des Chapiaux* (aujourd'hui le moulin de Gouny) ; Labrousse, *sieur du Claux ;* Roux, *sieur de Langlade* (Juge de Montignac) ; Charles Fanfaye, *sieur de La Prandie* (maire de Montignac) ; Deltruc, *sieur de Vierval ;* Deltruc, *sieur du Claud ;* Dujarric, *sieur du Cluzeau ;* Dujarric, *sieur de La Serve,* etc.

La vanité cependant, n'était pas le seul motif de ces prises de particule. Dans les familles, pour distinguer les frères ou les parents entre eux, ou encore d'homonymes étrangers, on prenait le nom d'une propriété ; ainsi par exemple, on disait : Labrousse, *du Roc*, Labrousse, *de Lascaux*, Labrousse, *de Bosredon*, Labrousse, *du Chapial*, Labrousse, *de Beauregard*, Labrousse, *du Claux*, Labrousse, *de La Pontounerie*. Cet usage pouvait se justifier par la nécessité : le grand-père, était ordinairement le parrain de ses petits-fils et leur donnait son nom de baptême, en sorte que les prénoms portés dans une famille, roulaient souvent sur deux saints seulement. C'est pour cela qu'on trouve dans les anciens actes de ces énumérations : Jean, autre Jean, et encore autre Jean, fils d'un tel. Voici un exemple de cet usage.

Le 3 mai 1754, fut baptisé Joseph Joubert, fils de Jean Joubert, bourgeois et maître chirurgien, et de Marie-Anne Gontier. (C'est le philosophe Joubert, né le 6 mai.)

Le 28 août 1756, baptême d'un autre Joseph, fils des mêmes, et en 1765, le 5 juin, encore autre baptême d'un troisième Joseph, toujours fils des mêmes ; c'était à ne pas s'y reconnaître. Aussi pour distinguer les individus, avait-on recours à un nom de terre. Il y avait à Montignac pendant la Révolution, un Beauregard-Joubert et un Lafon-Joubert que je crois être les deux puinés du moraliste.

Il arrivait souvent, que ce nom primait même dans les habitudes usuelles, le nom de famille, en sorte qu'on disait : *Fonfroide, La Serve, La Borderie, Le Claux, Langlade, Lascaux, Bosredon, Chapial*, etc.

Mais comme dans les familles, tous n'avaient pas une propriété distincte dont ils pussent prendre le nom, les frères se partageaient souvent les appellations du domaine paternel. L'un prenait le nom d'un bois, l'autre d'une vigne, celui-ci d'un réservoir, cet autre d'un clos, qu'on écrivait dans la forme patoise : *claud* ou *claux*; etc. De là ces noms si fréquents autrefois, et usités dans des familles différentes, de : *de La Garde* (vieille vigne où l'on faisait le vin de garde), de : *de Laplante* (vigne nouvellement plantée), de : *du Claud* ou *du Claux* (enclos), de : *de La Serve* (réservoir), ou de : *de La Selve*, si on était sur la rive gauche de la Vézère, de : *de la Font* (fontaine), de : *de la Croze* (grotte ou caverne), de : *de la Rivière*, et tant d'autres noms de lieux-dits particuliers.

Ces partages ont été ridiculisés par les auteurs du temps. Je ne sais qui a parlé de ces trois frères, qui, ayant hérité d'une cour où il y avait un puits et une mare, s'appelèrent *M. de La Cour*, *M. du Puits* et *M. de La Mare*. Mais ils étaient utiles cependant, et justifiés dans une certaine mesure.

Il est une chose qu'il ne faut pas perdre de vue, c'est qu'à part ces noms, destinés à distinguer les frères entre eux, et qui n'impliquaient pas toujours la possession ; ceux qui se qualifiaient *sieur* de tel ou tel domaine, en étaient réellement propriétaires. Cette qualification ne survivait pas à la cessation de la possession ; en sorte qu'il arrivait dans la bourgeoisie, ce qui est arrivé souvent pour des maisons nobles, et a causé bien des méprises et des usurpations, que deux familles différentes, portaient successivement le même nom de terre, lorsque par suite d'alliance ou de vente, cette terre avait changé de maître.

Ainsi dans un acte de baptême du 3 août 1704, on trouve : Charles Devaux, *sieur de Lascaux ;* et plus tard, dans un autre acte de baptême du 24 juin 1761 : Jean Labrousse, *sieur de Lascaux.*

Le mot *sieur,* diminutif de seigneur, que la bourgeoisie s'était approprié, exprimait dans ce cas, la qualité de propriétaire, de maître.

Le *de* était donc essentiellement possessif ; il s'en suit que les descendants des familles qui ajoutaient à leur nom celui d'un domaine, ne devraient plus logiquemement prendre le nom de ce domaine, lorsqu'il est sorti de leur famille, ou devraient, s'ils le possèdent encore, faire précéder ce nom, du mot *sieur.*

Les désignations, ou qualifications, de *sieur* de telle ou telle terre ou domaine, ne faisaient point partie du nom. Par conséquent, il est absurde de se faire appeler aujourd'hui, M. Gauthier, *de La Farge,* si l'on veut, parce qu'il y a un siècle, un aïeul s'intitulait Jean Gauthier, *sieur de La Farge,* ou pour abréger, Gauthier, *de La Farge,* nom de sa propriété, passée depuis en d'autres mains.

La Révolution, fit disparaître ces particules roturières, que les bourgeois jacobins abandonnèrent avec enthousiasme, comme si elles eussent eu quelque valeur.

Aujourd'hui on les voit reparaître tout doucement, avec ou sans jugement des tribunaux, tout comme si les descendants de ces sans-culottes, les avaient perdues par *le malheur du temps,* et non par l'abandon volontaire de leurs aïeux.

§ V. — Particules mises devant un nom de famille de la bourgeoisie.

Il reste à parler des particules purement métaphysiques, qui comme les précédentes n'avaient aucune valeur nobiliaire, mais seulement une signification sociale.

Au XVIIIe siècle, les gens qui sortaient un peu du commun, par leur profession, leur emploi, leur savoir, leur fortune : médecins, hommes de loi, hommes de lettres, fonctionnaires d'un certain ordre, officiers subalternes, financiers ; en un mot, tous ceux qu'on appelait assez insolemment : *les honnêtes gens,* prenaient volontiers la particule devant leur nom, indiquant par cette adjonction, leur prétention de se distinguer des simples croquants. Dans la société, cela faisait bien, et tenait lieu jusqu'à un certain point, de passeport pour pénétrer dans le monde.

D'autre part, les notaires, les curés, gratifiaient assez facilement leurs clients, ou leurs paroissiens de la classe bourgeoise, de la particule. C'était comme une marque de considération pour ceux qui avaient un certain état social ; une sorte de courtoisie plus ou moins intéressée qui ne tirait pas à conséquence, car elle ne donnait aucun droit réel. Les anciens nobles, voyaient avec un dédain railleur, ces usurpations de syllabes qui n'atteignaient en rien leurs privilèges fiscaux et honorifiques, et qui au fond ne trompaient personne chez soi. Tout au plus la particule créait-elle en voyage, pour l'étranger qui s'en parait, une sorte d'équivoque, de présomption favorable dont profitait la classe bourgeoise.

Voici quelques exemples de ces adjonctions de particules.

Dans les anciens registres paroissiaux de St-Pierre, et de Brenac :

Du 14 juillet 1765, acte de baptême d'un enfant fils d'Elie Mérilhou, procureur d'office de la comté de Montignac, et de demoiselle Marie Requier *de* Mérilhou.

Du 10 juillet 1779, baptême d'Elie, fils d'Elie, sieur *de* Lacoste, docteur en médecine et membre de l'Académie royale de Paris, et de Jeanne de Boussier, noble.

Tous les curés ne suivaient pas cet usage.

Dans son acte de mariage en date du 15 septembre 1772, le futur conventionnel est désigné par le prieur de Brenac, Pomarel, sous le nom d'Elie Lacoste.

— 20 —

Du 15 février 1787, mariage de Pierre-Bernard *de* Mérilhou, garde du corps du roi, fils de François *de* Mérilhou et de feue dame Françoise Reynaud, de Cherveix ; et de Lucie Chapon du Bâtiment.

Le marié était, je crois, neveu du Procureur d'office, Elie Mérilhou, certainement son proche parent. Cependant dans d'autres actes et notamment dans son acte de décès, le procureur n'est pas gratifié de la particule.

Dans l'inventaire sommaire des archives de l'ancienne Sénéchaussée de Périgueux on trouve en fait d'exemple locaux :

A la date de 1751-1752 une affirmation de voyage de Jean *de* Requier, marchand droguiste venu de Montignac, pour lever un jugement de restriction contre Monsieur Me Larue, docteur en médecine.

A la date de 1769-1771, une autre affirmation de Jean *de* Mérilhou, sieur de Chasseignas, venu de Nailhac.

Voici maintenant un acte notarié :

Le 20 septembre 1789, il devait y avoir une assemblée de citoyens à Sarlat, et en conséquence d'une lettre du Comité patriotique de cette ville, les habitants de Montignac se réunissent dans l'église de Saint-Pierre, et dit le notaire « ont tous d'une commune voix, nommé
» et député M. Me Elie *de* Lacoste, docteur médecin de la Faculté de
» Montpellier, membre de la Société royale de la ville de Paris, et ins-
» pecteur des eaux minérales, etc. »

Cet acte est revêtu de la signature des principaux habitants, parmi lesquelles on relève quelques particules roturières :

Desvignes *de* Fonfroide, juge ; Larivière *de* Boulou, maire et président ; Labrousse *de* Boredon ; Lachambaudie *de* Desplat.

Je trouve encore, dans des actes du 3 juillet 1752, et du 16 juin 1760 : François *de* Mazelier, archiprêtre.

§ VI. — Noms de paysans, d'artisans, précédés de la particule.

Après ces bourgeois, gratifiés de la particule par un usage assez commun, voici des gens du peuple, des laboureurs, des artisans, qui la portent aussi.

Du 6 mars 1633, contrat de mariage de Jacques Dupuy, de la paroisse de Brenac, et de Marye *de* l'Hospital. (Veyssière, notaire royal à Montignac).

Du 13 septembre 1664, sommation par Jean Arnal, curé d'Auriac, à Nadal *de* Loubiat, du bourg d'Auriac. (Delabrousse, notaire royal à Auriac).

Le nom de *Delabrousse,* avec la particule jointe, est un exemple de l'usage que j'ai signalé page 15.

Du 20 novembre 1674, vente par Guillaume Manye, laboureur, des Farges, à Nadal *de* Loubiat, travailleur de terre du bourg d'Auriac. (Delabrousse, idem).

Du 19 mai 1725, testament de Isabeau *de* Loubiat, veuve de Louis Reynard, marchand, de Saint-Geyrac. (Lagorse, notaire).

Du 18 janvier 1661, contrat de mariage de Jean Boudy, métayer de la dame de Lafaye, à la Bonnelie, et de Françoise *de* Goursac, fille de Pierre *de* Goursac, du village de La Rebière, paroisse d'Auriac. (Delabrousse, idem).

Du 29 juin 1726, vente par Pierre *de* Goursat, laboureur, et Pierre Guyre, laboureur, oncle et neveu, demeurant paroisse de Nailhac, à François de Narsat, sieur de Plaigne, demeurant à Rafailhac, paroisse de Badefold. (Rafailhac, notaire).

Du 22 février 1671, obligé par Jean *de* Biron, menuisier du village del Deffeix, paroisse d'Auriac, à Mᵉ Gélibert Dujarric, avocat, habitant du village de La Pèze, paroisse de Saint-Pierre de Montignac. (Delabrousse, idem).

Du 15 juillet 1680, testament de Catherine *de* Mésamis, femme de Jean Desmons, hoste de la ville de Montignac. (Veyssière, idem).

Du 2 janvier 1704, au bourg de Thenon, accord entre Pierre Lafon, suchier (sabotier) du village de Pourchier, paroisse d'Auriac, et Hélies *de* Beaupuy, charpentier de la ville de Montignac. (Amelin, notaire royal).

Du 9 février 1627, contrat de mariage passé à l'Orlégie, paroisse de Bars, de Louise Lapeyre, dudit village, et de Pierre *de* Beaupuy, du village de Malagnac, même paroisse. (Aubarbier et son collègue, notaires royaux).

Du 13 septembre 1713, testament de Peyronne *de* Beaupuy, *pauvre* du village des Nadaux. (Desfalgoussières, notaire).

Du 27 mars 1716, testament de Bertrand *de* Beaupuy, travailleur de terre. (Queyroy, notaire).

Et d'autres encore, notamment un acte de mariage de 1624, d'Annette *de* Beaupuy.

Du 29 octobre 1714, testament de Léger *de* Longueville, laboureur du village de Chambijoux, paroisse de Thenon. (Amelin, idem).

Du 16 mars 1712, testament de Laurens *de* Longueville, menuisier de Lemboucade, paroisse de Granges. (Lachaud, notaire).

Du 16 décembre 1681, dans la ville de Montignac-le-Comte, contrat de mariage de Thève Trasléglise, laboureur, fils de feu Arnaud *de* Trasléglise, et de Mondine La Vaysse, habitant le village de La Roubinye, paroisse de Saint-Amand. (Veyssière, idem).

Du 10 juillet 1694, obligation par Thève *de* Trasléglise à Jean Labrousse, bourgeois, pour 14 livres, 10 sols. (Cellier, notaire).

Le 22 juillet 1700, Thève *de* Trasléglise, assiste comme témoin à un baptême à Saint-Amand. (Registres paroissiaux de Saint-Amand).

Du 1er mars 1754, testament d'Etienne *de* Tras Leygleyge, journalier, habitant du Barry du chef du Pont, de la ville de Montignac; marié avec Anne Esclafert, duquel mariage sont issus : Françoise, Jean, Thoinette et Marguerite *de* Tras Leygleyge. (Lalande, notaire royal).

Du 18 octobre 1699, contrat de mariage de Guillaume *de* Prégimbaud, laboureur du village des Granges, paroisse de Thenon, et de Marie *de* Prégimbaud, fille de feu Janthou, et de Jeanne *de* Prégimbaud. (Amelin, idem).

Du 10 juin 1694, échange entre Jacques Vallade, marchand, de Thenon, et Thony *de* Prégimbaud. (Amelin, idem).

Du 6 mai 1725, contrat de mariage de Pierre Marchier, tisserand, habitant du village des Gounissous, paroisse d'Abzac, et de Jeanne *de* Pourchier, fille de feu Léonard *de* Pourchier, habitant du village de La Rebière, paroisse d'Auriac. (Amelin, idem).

Du 29 avril 1705, testament d'Anne *de* Magueur, femme de Jean Pigeard, laboureur, du Mas, paroisse de Saint-Rabier. (Magne, notaire au Cern).

Du 19 décembre 1786, testament de Bernard *de* Magueur, travailleur du village de Bord, paroisse de Saint-Rabier. (Combe, notaire).

Du 16 juin 1740, quittance de 160 livres, par Mazi *de* Batz, à Jean Lafaurie, du Caillaud, paroisse de Valojoux. (Chalupt, notaire à Montignac).

Ce nom est quelquefois écrit : Debach, comme ci-dessous.

Du 19 janvier 1715, mariage de Pierre Debach, et de Catherine *de* Lannès, du village del Menyal. (Reg. de Saint-Amand).

Du 4 juillet 1740, quittance de 120 livres par Jean *de* Libie, à Pierre Delalbre. (Chalupt, idem).

Du 28 juillet 1728, contrat de mariage de Jean *de* Tounen, journalier, de Soumeilh, paroisse de Chourgnac, et de Jeanne Bonnefond, du Bastis, même paroisse. (Daresnes, notaire).

Quoiqu'il ne soit pas très local, je cite cet exemple à cause de la notoriété de notre compatriote Orélie-Antoine de Tounen, feu roi *in partibus* d'Araucanie, originaire de Chourgnac, dont ce Jean de Tounen doit être un ancêtre.

Du 23 octobre 1732, testament de Jean *de* Lignac, journalier de Rodas, paroisse de Saint-Rabier. (Clédat, notaire).

Du 28 novembre 1737, testament de Jeanne *de* Lignac, veuve d'Alliot Lacombe, laboureur, de Rodas. (Combe).

Du 9 avril 1700, à Saint-Amand, acte d'inhumation d'Elisabeth Lareynie, décédée au village du But, paroisse de Brenac, dans la chapelle Notre-Dame de Saint-Amand, en présence de Charles *de* Badefold son mari, et de Raymond Julhat, laboureur, son gendre.

Le 3 février 1707, Françoise *de* Badefold, fille de la précédente, est aussi inhumée au même lieu. (Registres de Saint-Amand).

La profession de Charles de Badefold n'est pas indiquée; mais son gendre était laboureur, ce qui fait présumer que ces Badefold étaient une famille de cultivateurs.

Du 12 avril 1709, inhumation de Françoise *de* Doume, femme de Jean Gardet, marguillier. (Registres de Saint-Amand).

Du 21 novembre 1710, inhumation de Jeanne *de* Doume, dite Jeanne de Miran, femme de Pourchet, tisserand. (Registres de Saint-Amand).

Il eût été facile de grossir cette nomenclature; je me suis borné aux citations qui ont quelque intérêt local. On voit que certaines familles du peuple, portaient autrefois incontestablement la particule. Je crois que la plupart de celles que j'ai rapportées, sont des particules d'origine, qui ont persisté, tandis que les autres se sont jointes au nom, ou bien ont disparu. Quoiqu'il en soit, j'ai donné autant que je l'ai pu, plusieurs exemples pour le même nom, d'époques assez éloignées et de notaires différents, afin qu'il apparaisse bien que l'emploi de la particule dans ces noms, n'est pas l'effet d'un accident, mais d'un système de désignation des individus, dont ils offrent les derniers vestiges.

D'après la jurisprudence actuelle des tribunaux, celles de ces familles restées en possession de la particule jusqu'à la Révolution, seraient admises à la faire rétablir devant leur nom; non point comme signe de noblesse, ce qui dépasserait la compétence des juges, mais à titre de rectification de leur état civil : beaucoup ont procédé ainsi, et portent très légalement une particule qui ne prouve rien, si ce n'est que la vanité nobiliaire est toujours vivace, cent ans après la Révolution.

§ VII. — Noms de nobles dépourvus de la particule.

Après avoir rapporté ces exemples de roturiers pourvus de la particule, je vais montrer des nobles à qui elle fait défaut.

Dans l'*Histoire du Périgord*, par M. Dessales, on trouve :

Guillaume Bagnols, *chevalier*, sénéchal d'Agenais et Quercy. (T. II, p. 14).

Jean Guillaume, *chevalier*. (Idem, p. 129).

Guillaume Le Neveu, *écuyer*. (Idem, p. 306).

Dans la *Chronique* du chanoine Tarde, je relève :

Noble Robert Vigier, seigneur de Borrèze, et co-seigneur de Salignac. (P. 146, note).

Jean Harpedène, *chevalier*, sénéchal de Périgord. (P. 146, note).

Antoine Arnal, *écuyer*, seigneur de La Faye et Auriac. (P. 264, note).

Jean Durand, seigneur de la Rolphie et de Laudonie. (P. 285, note).

La qualité de noble n'est pas expressément exprimée ici, probablement par oubli ; je rapporte cependant cet exemple parce que l'on verra plus loin, que cette qualité est formellement donnée, à plusieurs personnages de cette famille :

David Bouchard, *vicomte* d'Aubeterre, gouverneur du Périgord.

Voici maintenant des exemples tirés de l'inventaire sommaire des archives du Périgord :

1638-1685 — Paul Vigier, *écuyer*, sieur de La Mothe. (P. 86).

1709-1710 — Jacques Durand, *écuyer*, sieur de La Rolphie. (P. 134).

1764 — Michel Mallet, *écuyer*, seigneur de Lagarde. (P. 203).

1762-1765 — Jean-Baptiste Souc, *écuyer*, seigneur de Berbiguières. (P. 209).

1757-1780 — Jean Bugeaud, *écuyer*, seigneur de la Piconnerie et d'Aurival. (P. 309).

1727-1728 — Pierre Faurichon, *écuyer*, sieur de Lauterie. (P. 325).
1770 — Geoffroy Sonnier, *écuyer*, sieur de la Fillolie. (P. 327).
1721 — Charles Chapon, *écuyer*, sieur de Roufflat. (P. 327).
1752-1754 — Eymery Durand, *chevalier*, seigneur du Basty et vicomte d'Auberoche.

En voici d'autres, recueillis dans des actes de diverses provenances :

Du 27 octobre 1669, vente par Charles Grangier, sieur de La Boissière, à Hellies Chapon, *écuyer*, sieur de Roufflat, et Guilhem Daspas, du Sablou.

Je puis dire en passant que cette vente, avait pour objet une quartonnée de terre, située vers les Sagnes et les prés de Vins, et le long du chemin allant de la Vézère à la Croix-de-Dalon. Cet emplacement choisi et piqueté par des commissaires délégués par l'intendant de Guyenne, était destiné à construire un temple, pour l'exercice de la religion protestante, que l'on rejetait hors des murs des villes, avant de la proscrire sous peine des galères. Les acquéreurs, agissaient au nom des ministres et anciens, de la religion, « prétendue réformée, » comme dit le notaire, dans le style du temps.

Je continue :

Du 8 mars 1679, acte d'accord passé à Montignac, entre Pierre Martin, *écuyer*, sieur de Campagne, habitant du bourg de Saint-Pierre, et Jean Faure, sieur de la Rue. (Delabrousse, notaire royal à Auriac).

Du 5 avril 1693, testament de Pierre Bouret, de La Fromagie. Un des témoins est Hélie Ballet, *écuyer*, sieur de La Volparie, paroisse de Sergeac. (Delabrousse, idem).

Du 7 juillet 1717, acte d'hommage au marquis d'Hautefort, par Marc Arnal, *écuyer*, sieur du Chambon, pour sa maison noble du Chambon ; reçu par Chalupt, notaire, et contrôlé le 28 décembre 1733. (Registres de l'ancien contrôle).

Du 10 août 1728, procuration donnée par messire François Roux, *écuyer*, sieur de Monchenilh, nommé abbé de Tourtoirac. — Contrôlée le 20. — Daresnes, notaire. (Registres, idem).

Du 15 novembre 1728, cession faite par le seigneur marquis d'Hautefort, à Pierre Brou, prêtre, et François Gautier, directeur de l'hôpital d'Hautefort, de 400 livres à prendre sur Jean Chapon, *écuyer*, sieur du Bâtiment. — Contrôlé le 19 novembre, Martin, notaire. (Registres, idem).

Du 18 juillet 1726, vente par messire Pierre Roux, *écuyer*, sieur de Goursat, demeurant au lieu des Grangos, paroisse de La Linde (Beauregard), à Jean Nougaret sieur de La Fon. — Contrôlée le 18 juillet. — Daresnos, idem. (Registres, idem).

Du 30 novembre 1726, procuration par messire Ayme Philippe d'Hautefort, abbé de Tourtoirac, au sieur Maigne, *gentilhomme*, servant Sa Majesté à Paris. — Contrôlée le 30 novembre. — Daresnes, idem. (Registres, idem).

Du 29 novembre 1728, transaction entre le marquis d'Hautefort, et Pierre Durand, *écuyer*, sieur de La Fouillade, demeurant au repaire noble de Clédat, paroisse de Saint-Rabier. — Contrôlée le 12 décembre. — Martin, notaire. (Registres, idem).

En 1545, Raymond Lambert, *écuyer*, sieur de Nadalou, fit hommage du fief de Nadalou, à *Roullet (?)*, bâtard d'Albret, commissaire à ce député, par Henri d'Albret, roi de Navarre. (Inventaire original).

Du 15 avril 1550, testament du même. (Inv. idem.).

Du 27 avril 1629, dans la ville de Montignac, et « dans la maison, où pend l'enseigne du Cheval-Blanc; » vente par Françoise de La Clergerie et Antoine Lambert, *écuyer*, sieur et damoiselle de Nadalou, du domaine dudit Nadalou, à Charles d'Autefort, fils naturel de François, marquis d'Autefort.

Un des témoins est François *de* Chapon sieur de Roufflat, bourgeois de Montignac.

En 1629, les Chapon ont la particule, mais sont qualifiés *bourgeois*; un siècle plus tard, comme on l'a vu, ils sont qualifiés d'*écuyers*, mais n'ont pas de particule; il y a eu des variations dans les usages et dans l'état des personnes: dans l'acte du 27 octobre 1669, *Hellies Chapon* signe: *de Chapon*.

Du 27 septembre 1629, à Montignac, dans la maison de P. Ferrier, testament d'Antoine Lambert, *écuyer*, habitant de la ville, « étant dans un lit à raison de quelque coup qui lui a été baillé ce matin. » (Veyssière, notaire royal).

On peut remarquer ici, une chose qui confirme ce qui a été dit, touchant le caractère essentiellement possessif des qualifications de *sieur* de tel, ou tel domaine. Au mois d'avril 1629, Antoine Lambert se qualifie de : *sieur de Nadalou;* au mois de septembre suivant, il ne prend plus cette qualification parce qu'il a vendu sa terre et sa maison.

Factum du procès pendant en la Cour, entre Charles d'Autefort, escuyer, sieur de Chaumon, et dame Marie Dautefort, dame Dupuchs, et Louys Baudet, *escuyer*, sieur Dupuchs. — M. de Moneins, rapporteur.

Sans date, vers 1646. (Pièce originale).

Voilà suffisamment de citations. Je suis d'ailleurs très loin d'assurer, que tous les personnages qualifiés ci-dessus d'*écuyer*, eussent droit à cette qualification. Il en est peut-être, que les commissaires de la grande recherche du XVII° siècle, et plus tard d'Hozier ou Chérin, eussent renvoyés à leur roture. Mais si ces exemples ne prouvent pas la noblesse des individus, ils prouvent du moins qu'il n'y avait aucune incompatibilité entre la qualité de noble, et un nom sans particule.

§ VIII. — Noms roturiers ayant perdu la particule.

J'ai indiqué les sources diverses d'où proviennent les particules. Si maintenant on considère sans parti pris leurs diverses origines : traductions plus ou moins exactes de noms latins; indication de la filiation; achat de fiefs nobles par des roturiers; distinction des individus par leur nom d'origine ou d'habitation; adjonction par la bourgeoisie au nom de famille, d'un nom de propriété, ou d'un simple lieu-dit; distinctions attribuées par les curés et les notaires à ceux de leurs clients classés dans les *honnêtes gens;* et si l'on veut bien se remémorer les usurpations nombreuses qui se sont produites avant et depuis la Révolution, jusqu'à notre temps, on en viendra à conclure, que, de même que le généalogiste Chérin affirmait peu avant 1789, que les quatre cinquièmes de la noblesse étaient sans valeur; on peut dire aujourd'hui que la moitié des particules, n'a aucune signification nobiliaire.

Il ne faut pas oublier, d'ailleurs, que Chérin parlait en généalogiste pour lequel l'origine et la race étaient l'objet essentiel; et non point de la noblesse légale, à laquelle étaient régulièrement aggrégés une foule de roturiers anoblis.

Mais s'il y a un très grand nombre de familles et d'individus qui ont reçu, ou se sont octroyé, des particules purement verbales et sans valeur, on peut dire qu'il y en a davantage encore qui les ont perdues.

Outre les noms commençant par *de, du, des,* syllabes autrefois presque toujours séparées du nom, et aujourd'hui presque toujours jointes à ce nom, comme *Dupont, Dulac,* il y a encore une infinité de noms, d'où la particule a disparu.

Les noms commençant par *Le, La, Les,* sont pour la plupart dans ce cas. Il est à remarquer qu'une foule de noms de lieux commencent par un de ces articles, par : *La* surtout, et qu'il y a une relation visible entre ces noms et ceux des personnes. Ceci ne serait pas également vrai partout, car dans les provinces du nord, l'article qui précède les noms est plutôt indicatif ou désignatif; comme *Le* Tourneur, *Le* Febvre, *Le* Roux; mais en Périgord, cette forme est en général peu usitée. Il me semble donc que ces noms ont d'abord été formés avec la particule; ainsi Lalande, par exemple, s'est dit primitivement *de la Lande;* Laroche, *de La Roche;* Lacombe, *de La Combe,* etc., ainsi que le voulait la construction logique du nom, qui indiquait le lieu d'origine ou d'habitation. Mais la tendance à l'écourtement et à la simplification des noms, qui est très caractérisée en Périgord, a fait supprimer le *de,* et joindre l'article au nom : l'article lui-même a été quelquefois supprimé, comme dans : Trémouille, nom qui vient vraisemblablement de : *la Trémouille,* commune de Bars, ou commune de Thenon, ou de Marquay, ou de Saint-Geniès. Il était en effet trop long dans les appellations usuelles et familières, de dire : Guillaume, *de La Batut,* François, *de La Filolie,* car la conservation de la particule, séparée, exigeait celle du prénom; aussi a-t-on dit tout simplement : *Labatut, Lafilolie.* Ce qui confirme cette hypothèse, c'est que presque tous les noms qui ont conservé la particule comme partie intégrante du nom, n'ont que deux syllabes, trois au plus; je n'en vois pas qui en aient quatre : au contraire ceux qui ont été décapités de leur première syllabe, en ont conservé trois la plupart du temps, ce qui indique que leur longueur a motivé cette amputation. Il peut y avoir des exceptions, et le nom de l'imprimeur de ces quelques pages en est une, mais étrangère à notre pays.

Au surplus, cette habitude d'écourtement était commune, même parmi la noblesse : tous ceux qui ont manié de vieilles paperasses, en ont vu des exemples.

J'ai sous les yeux un parchemin contenant la nomination d'un Pierre Requier, à l'office de greffier de la juridiction de Losse, faite par Jean de Losse, le 26 décembre 1643; et cette pièce est signée : *Losse.*

Je vois dans plusieurs actes, que le premier marquis d'Hautefort, signait : *Autefort.*

Gilles d'Hautefort, son petit-fils, signait : *Hautefort*, ainsi que François-Marie, fils de Gilles.

Dans une procuration du 18 janvier 1626, François de Sédières, seigneur de Coulonges, signe : *Coulonges*.

On peut voir aussi dans les notes finales jointes aux *Chroniques* du chanoine Tarde, les noms de plusieurs nobles qui avaient formé une ligue pour combattre les croquants périgordins, et qui avaient signé tout simplement : *Beinac, La Rocque, Rioucaze, Pierretaillade, La Batut, Lasserve, Auberoche, Salignac, Le Peuch, Azerac, Tayac, Le Masnègre, Bourderie, Belcastel.*

Les noms commençant par l'article *La*, sont de beaucoup les plus nombreux parmi ceux qui ont perdu la particule; il en est cependant d'autres qu'on peut ranger dans la même catégorie; tels sont pour Montignac, par exemple :

Bizat, qui vient probablement de *Bizat* : Grèzes, Chavagnac.

Bienaise, ou Benaise,	—	*Bienaise* : Bars.
Philibert,	—	*Filibert* : Limeyrat.
Sarlande,	—	*Sarlande* : Bars.
Teillac,	—	*Teillac* : Sergeac.
Fontalirant,	—	*Fontalirant* : Bars.
Brégegère,	—	*Brégegère* : Saint-Amand.
Linard,	—	*Linard* : Lachapelle, Montignac.
Longueville,	—	*Longueville* : Champcevinel.
Estreguilh,	—	*Destreguilh* : St-Sernin de Reilhac.
Bouillac,	—	*Bouillac* : Terrasson.
Froidefond,	—	*Froidefond* : Saint-Cernin.
Bonnet,	—	*Bonnet* : Saint-André, Allas.
Saint-Amand,	—	*Saint-Amand* : bourg.
Chanteloube,	—	*Chanteloube* : St-Amand, Plazac.
Canteloube,	—	*Canteloube* : Saint-Geniès.
Trasléglise,	—	*Trasléglise* : Lacassagne, ou de l'habitation près d'une église.
Castanet,	—	*Castanet* : Lachapelle, Proissans.
Malbec,	—	*Malbec* : Fleurac.
Marfon,	—	*Marfon* : Plazac.
Marquay,	—	*Marquay* : Commune, Condat, Chavagnac.
Goursat, Goursac,	—	*Goursat, Goursac* : Montignac, Beauregard.

Pourcher, ⎫ qui viennent probablement, de *Pourcher* ou *Pourchier :*
Pourchier, ⎭   Auriac.

A l'égard des noms de Longueville, de Goursat et de Pourchier, on remarquera qu'il a été rapporté des actes des XVIIᵉ et XVIIIᵉ siècles intéressant des familles appelées *de Longueville, de Goursac, de Pourchier,* qui conservaient encore leur nom dans sa forme première.

Voici maintenant le rapprochement des noms commençant par un article, et des lieux d'où ils peuvent provenir :

Labadie :	— *Labadie :* Thonac.
Labeylie :	— *La Beylie :* Auriac, Plazac.
Lasserve ou Lasselve :	— *Lasserve* ou *Lasselve :* Montignac, Saint-Amand, Bars, Marcillac-Saint-Quentin, Lachapelle, ou d'un réservoir à poisson.
Lableynie :	— *La Bleynie :* Bars.
Labonnelie :	— *La Bonnelie :* Auriac.
Lacombe :	— *La Combe :* Fanlac, Sergeac, Montignac, Thonac, Plazac, Aubas, Beauregard, Coly, Tamniers, etc., et aussi d'une *combe* ou petit vallon quelconque.
Lafarge :	— *La Farge :* Montignac, Thenon.
Lafargue :	— *La Fargue :* Tursac, Tamniers.
Lafaye :	— *La Faye :* Auriac.
Lafage :	— *La Fage :* Lachapelle, Peyzac, Fleurac.
Lafilolie :	— *La Filolie :* Saint-Amand, Condat.
Lafont :	— *La Font :* Montignac.
Lagorsse :	— *La Gorsse :* Marquay.
Laguionie :	— *La Guionie :* Montignac.
Larnaudie :	— *Larnaudie* ou mieux : *l'Arnaudie :* Saint-Amand.
Laporte :	— *La Porte :* Sergeac, ou du voisinage d'une porte de la ville.
Lapeyre :	— *La Peyre :* Azerat, La Bachellerie, Montignac, Lachapelle Aub., Saint-Lazare, Salignac.
Landrevie :	— *Landrevie :* Plazac, faubourg de Sarlat, Saint-Léon, Proissans.
Langlade :	— *Langlade :* Proissans ; et un ancien fief de la paroisse de Lachapelle Aub.
Labarbarie :	— *Labarbarie :* Tayac.

Lacoste :	— *La Coste* : Montignac, Rouffignac, Azerat, Marcillac, Paulin.
Lacroix :	— *La Croix* : Terrasson, Saint-Geniès, Marquay, Rouffignac, etc., et du voisinage d'une croix quelconque.
Lachambaudie :	— *Lachambaudie* : Terrasson.
Lapèze :	— *La Pèze* : Montignac.
Larebière :	— *La Rebière* : Thenon, Coly, Saint-Quentin.
Larivière :	— *La Rivière* : Terrasson, Ajat, Auriac.
Larue :	— *Larue* : Pazayac, Lacassagne.
Lassalle :	— *La Salle* : Fanlac, Rouffignac, Saint-Lazare, Saint-Léon, Tamniers.
Laugenie :	— *Laugenie* : Thonac.
Lespinasse :	— *Lespinasse* : Tursac.
Laflaquière :	— *Laflaquière* : Marquay, Tamniers.
Lavergne :	— *La Vergne* : Thonac, Rouffignac, Plazac, Ajat, Saint-Geniès, Tamniers, etc.
Lestrade :	— *Lestrade* : Montignac, Terrasson, Salignac.
Loymerigie :	— *Leymerigie* : Saint-Orse, Valeuil.
Lafaurie :	— *La Faurie* : Saint-Félix, Rouffignac, Terrasson, Marquay, Paulin.
Lassagne :	— *Lassagne* : Lachapelle, Saint-André.
Lafaysse :	— *Lafaysse* : Rouffignac.
Lalue :	— *Lalue* : Milhac d'Auberoche.
Laval :	— *Laval* : Peyzac, Jayac, Sireuil.
Lalande :	— *La Lande* : Saint-Amand, Rouffignac, Marquay, Saint-Léon, Ajat, Fleurac, Lachapelle.
Laroche :	— *La Roche* : Montignac, Thenon, Peyrignac, Saint-Léon, Auriac, Aubas, Lacassagne, Ajat, Saint-Lazare, Beauregard, etc.
Lagrange :	— *La Grange* : Montignac, Aubas, Thonac, Condat, Lachapelle, Sergeac, Thenon, Peyzac, Plazac, etc.
Leymarie :	— *Leymarie* : Saint-Amand. On écrirait mieux L'Eymarie, habitation d'Eymar.
Laborie :	— *La Borie* : Auriac, Thenon, Beauregard, etc., et nom de métairie.
Laborderie :	— *La Borderie* : Peyzac, Montignac, et nom d'une métairie ou d'un borderage.

Laborde :	— *La Borde :* Archignac, Paulin, Fleurac, et comme ci-dessus.
Labatut :	— *Labatut :* Sergeac, Fleurac, Thonac, Bars, Tamniers.
Labrousse :	— *La Brousse :* Bars, Fanlac, Lachapelle, Peyrignac, Saint-Geniès, Salignac, Simeyrols, Eyliac, etc.

Je ne soutiendrai pas que toutes ces relations soient absolument exactes, sans exception, mais je les crois très vraies dans leur généralité, soit comme je l'ai déjà dit, médiatement ou immédiatement : pour moi tous ces noms sont des noms d'origine ou d'habitation qui ont perdu la particule. On peut remarquer à l'appui de ceci, que les noms de lieux les plus nombreux, correspondent aux noms de famille les plus communs ; comme *Laroche, Lagrange, Lacombe, Lalande, Labrousse*.

Je signale cette coïncidence qui ne peut être un effet du hasard, sans y insister davantage, quoiqu'elle me paraisse très remarquable.

§ IX. — **Noms de lieux devenus noms de familles**.

Voici des documents qui montrent comment ces noms de lieux sont devenus des noms de famille. C'est d'abord un acte de 1748, passé à Bars, par Lalande, notaire royal :

« Aujourdhuy, vingt-troisième jour du mois d'octobre mil-sept-cent-
» quarante-huit, requérant s* Jean Labrousse bourgeois, habitant en
» sa maison du Chapial, paroisse D'Auriat, m'a requis de vouloir trans-
» crire la présente copie des autres parts écrite, représentée, exibée
» et mise es mains de M° Jean Noël Guinerye, m° es ars, Juge de.....
» (un mot illisible : ce Guinerye était procureur de la Justice de Cou-
» longes) et légiste juré, un vieux registre ou protocolle écrit en lan-
» gue latine, représenté par François del Combel praticien du bourg
» de Bars, en date du 23° mars 1469, ou sont comprises plusieurs
» autres reconnaissances, et au bas d'icelles est signé : *Bastida qui*
» *recepit*, et dans le dict registre et au feuillet cent-dix-sept, est
» l'original de la dite copie, qui a esté copiée et transcritte de mot à

» mot et fidellement, sans augmentation ni diminution, et après deue
» vérifiication a esté remise au dict Del Combel, qui a promis la repré-
» senter a toutes réquisitions. En foi de quoy ay signé la présente
» attestation, le dict jour, mois et an que dessus. »

      Guinerye, légiste.   Delcombel, détenteur sus dit.
                             Labrousse, requérant sus dit.

« Extrait et vidimus des autres parts, a esté fait par moy, notaire
» royal sous signé, en présence des témoins ci-après nommés, confor-
» mément à l'attestation cy dessus, requérant le dict sieur Delabrousse.
» Fait au bourg de Bars en Périgord, l'an mil-sept-cent-quarante-
» huit, et le vingt-trois du mois d'octobre avant midy ; en présence
» de Jean Boissel, marchand, habitant du bourg d'Auriat, et Jean Des-
» mares, maître charpentier, habitant au château de Coulonges, pa-
» roisse de Saint-Pierre-de-Montignac, qui ont signé avec les dicts
» sieurs Guinerye, Labrousse, Delcombel et moy. »

      Labrousse, Delcombel, Guinerye, Boissel, Delmares,
                Lalande, notaire royal.

Voici la traduction de l'acte dont il est question :

« Donné à Montignac, le vingt-troisième jour du mois de mars,
» l'an du Seigneur mil-quatre-cent-soixante-neuf. »

« Guillaume Albert, habitant de la manse de La Brousse, paroisse
» de l'église de Fanlac, après réflexion, et s'en faisant un devoir, con-
» sidérant les marques d'affection qui lui ont été données par Etienne
» Albert, son fils, et d'après d'autres considérations à ce le mouvant ;
» gratuitement a donné par donation bonne et valide, au dit Etienne
» Albert présent, assavoir : la moitié par indivis de la manse vulgai-
» rement appelée des Chapials, sise en la paroisse d'Auriac, au dio-
» cèse de Périgueux ; confrontée et désignée dans les lettres d'acqui-
» sition ou d'assence de la dite manse des Chapials ; avec toutes les
» dépendances et tout droit de jouissance ; et le dit Guillaume Albert
» s'est dévêtu de la moitié de la dite manse des Chapials, entre les
» mains d'Antoine La Rebière, prêtre, procureur fondé de messire
» Antoine Hélie, seigneur de Colonges, lequel a investi de la dite
» moitié de la dite manse, le dit Etienne, a charge d'acquitter les
» cens, rentes et droit d'acapte y attachés ; savoir : une charge de
» froment, une charge de seigle, quatre quartons d'avoine, à la me-
» sure de Montignac ; un quarteron de vin à la même mesure de
» Montignac ; vingt-six sols six deniers de rente annuelle en monnaie

» courante, une géline, une journée avec l'acapte ordinaire ; les dites
» redevances payables aux termes accoutumés. Et a reçu ledit
» Etienne dans la suzeraineté du dit seigneur et lui a octroyé la fa-
» culté d'entrer dans la possession de la dite moitié du dit village en
» payant le devoir auquel était asssujetti le dit donateur. Les parties
» se sont obligées, ont renoncé et juré en présence d'Hélie Deltrelh,
» du lieu de Gabillou, de Géraud Gaubert et de Guillaume Lacombe,
» dit Folcet, de la paroisse d'Aubas, appelés comme témoins. »

Il résulte de cette pièce qu'en 1469, un Etienne Albert, fils de Guillaume, habitant de la manse ou tènement de La Brousse, paroisse de Fanlac, reçut de son père à titre de donation, la moitié de la manse du Chapial, dans la paroisse d'Auriac.

Le motif invoqué est, comme d'ordinaire, les marques d'affection et les bons services que le donateur a reçus et espère recevoir encore de son fils.

Qu'était donc cet Etienne Albert ?

Le soin avec lequel Jean Labrousse fait faire cet extrait et vidimus, les précautions qu'il prend pour lui assurer l'authenticité, prouve l'importance qu'il y attachait. Si l'on rapproche ce fait de la possession ancienne de la terre du Chapial dans sa famille, et du nom de, *de Labrousse*, nom d'origine qu'elle portait, il faut en conclure, qu'il regardait Etienne Albert, comme son ancêtre : peut-être il y a cent-quarante ans, cette descendance lui était-elle connue par tradition, et a-t-il voulu recueillir une pièce qui la confirmait.

Tout ceci serait insuffisant pour faire une preuve généalogique, mais peut parfaitement motiver cette opinion.

Il me paraît donc certain que cet Albert, ou ses descendants, ont été appelés *de Labrousse*, pour indiquer leur origine et pour se distinguer peut-être aussi de quelque homonyme. Quoi qu'il en soit, ce nom écrit *de Labrousse*, a été porté pendant le XVII° siècle par un notaire qui était de cette famille : ce n'est que vers le commencement du XVIII° siècle, que par la tendance à l'écourtement des noms, plusieurs fois signalée, *de Labrousse* est devenu *Labrousse*, non pas brusquement et de propos exprès, mais par l'usage. On peut remarquer, d'ailleurs, que cet usage n'avait pas encore entièrement prévalu, puisque dans l'acte de 1748, le notaire appelle le requérant, tour à tour : *Labrousse* et *Delabrousse*.

Je trouve encore, que, dans une lettre du 17 avril 1732, il est appelé *de Labrousse*.

On voit ici, non seulement la manière dont se sont formés les noms d'origine, mais encore un exemple des variations et des changements des noms dans les familles.

Etienne Albert, originaire du lieu de *Labrousse,* ajoute, ou un de ses successeurs, ce nom au sien, pour une des raisons indiquées plus haut.

Ce nom de *de Labrousse* finit par prévaloir, et est porté dans cette forme, jusque vers la fin du XVII° siècle.

A partir de ce moment, la particule d'origine tend à disparaître, et disparaît enfin définitivement : il ne reste que *Labrousse,* et plus tard Labrousse *du Chapial.*

Vers la fin du XVIII° siècle un membre de la famille Labrousse, appelé Labrousse-*Fonbelle,* du nom d'une propriété où il résidait, vers la Double, revient au domaine patrimonial du Chapial et continue la famille sous ce nom.

Actuellement c'est le nom de *Fonbelle,* qui est à peu près seul connu et usité ; le nom de *Labrousse,* qui indique l'origine, la provenance de la famille, ne figure plus que dans les actes authentiques.

§ X. — Des moyens de distinguer les noms à particules nobles, d'avec les roturiers.

On a vu par tout ce qui précède, que la particule n'est pas essentiellement une marque de noblesse, puisqu'il est certain qu'à l'origine et pendant longtemps, beaucoup de familles nobles ne l'avaient pas ; et que d'autre part il est non moins certain que des familles roturières l'ont porté, comme il est montré par de nombreuses citations.

L'étude de la formation des noms, fait voir d'ailleurs, que les noms dérivés du lieu d'origine ou d'habitation, ont été écrits d'abord avec la particule séparée, comme le voulait la raison orthographique, et que cette forme disparue postérieurement, a pourtant persisté dans un certain nombre de familles du peuple : la théorie et les faits sont donc d'accord sur ce point.

Par conséquent la particule peut bien indiquer la noblesse, mais elle ne la constitue pas.

Il y a donc des particules d'origine et de valeur différentes : nobles et roturières. Il reste à examiner comment on peut reconnaître et distinguer parmi ceux qui les portent, les nobles d'avec les roturiers.

Deux choses sont à considérer dans la noblesse : d'abord l'ordre privilégié qui avait un rôle politique et social sous l'ancien régime, et ensuite la noblesse de caste ou de droit divin, en comprenant sous cette expression, tout ce qui se rattache à la race, donnée comme originellement supérieure au reste des citoyens, et aussi cet esprit de solidarité nobiliaire, qui fait de l'illustration de quelques familles, des services d'autres plus nombreuses, et de la simple notoriété de la plupart, le patrimoine moral de tous les nobles : c'est ce que l'on pourrait appeler, la noblesse légale, et la noblesse d'opinion.

S'il y avait aujourd'hui, une utilité pratique à faire la distinction dont il s'agit, on pourrait déterminer ceux qui sont légalement nobles, ou plutôt qui le seraient sans la Révolution, en prenant pour base les jugements des Intendants, lors de la grande recherche de la fin du XVII° siècle. Toutes les familles maintenues dans leur noblesse à cette époque et qui auraient payé le droit de confirmation, et celles régulièrement anoblies depuis, par lettres, charges ou autrement, composeraient le corps de la noblesse. Cette base est de beaucoup la meilleure, parce que les opérations des commissaires de cette époque eurent un caractère de généralité et de rigueur, que ne comportaient pas les autres preuves de noblesse.

Il semble tout d'abord, qu'il serait plus simple et plus commode, de s'en tenir aux procès-verbaux des assemblées électorales de la noblesse, lors des Etats-Généraux ; mais il faut considérer que depuis la recherche commencée en 1666, des roturiers possesseurs de fiefs nobles, s'étaient glissés parmi les nobles et avaient fini par être considérés comme tels. Dans certains bailliages, ils furent admis parmi les électeurs de la noblesse en 1789. D'autre part, il fallait avoir vingt-cinq ans pour avoir le droit d'entrer à ces assemblées, et il se peut que des familles n'y aient pas été représentées, pour cause de minorité ; enfin il se peut encore, que malgré les facilités du vote par procuration, il y ait eu quelques rares abstentions. Les procès-verbaux des assemblées de la noblesse en 1789, ne peuvent donc servir, ni de preuve positive, ni de preuve négative, du moins absolument.

L'ordre privilégié de la noblesse ayant été aboli par la Révolution, et n'ayant pas été rétabli depuis, malgré les tentatives de la Restauration, il s'en suit que l'anoblissement, c'est-à-dire l'incorporation, par le souverain, d'un roturier dans son sein, n'est plus possible aujourd'hui.

L'Empire, la Restauration, Louis-Philippe, ont bien pu conférer des titres à des particuliers, mais non les anoblir, au sens exact et complet du mot ; car c'est une chose très différente que l'anoblissement ou la collation d'un titre. C'est donc par une analogie qui touche à ce que j'ai appelé la noblesse de caste, qu'on dit : *la noblesse de l'Empire, la noblesse de la Restauration.* L'ancienne noblesse était bien caractérisée, et nettement délimitée par les honneurs, prérogatives et privilèges dont elle jouissait : on ne pouvait contester à un noble, quelque indigne qu'il fût, sa qualité, garantie par la législation d'alors ; mais les distinctions honorifiques accordées depuis, n'ont d'autre sanction que celle qu'elles peuvent trouver dans l'opinion publique. Si celle-ci se refuse à les confirmer, que reste-t-il à ceux qui les ont reçues ? Un vain titre, puisqu'il ne leur procure aucun honneur, et qu'il ne peut leur procurer aucun avantage ni privilège. Ce qu'on appelle donc la noblesse nouvelle, n'a de commun avec l'ancienne, que ce qui peut mériter à l'une et à l'autre, la considération publique ; c'est-à-dire, tout ce qui tient aux services et à l'illustration de la famille, illustration qui, pour être plus récente, n'en est souvent que plus certaine.

Rigoureusement, la noblesse ayant été abolie, il n'y a plus de nobles dans le sens politique et absolu du mot. Mais le fait de descendre d'une famille agrégée à l'ordre de la noblesse sous l'ancien régime, constitue dans l'opinion, la qualité de noble : ce fait est d'ailleurs, entièrement indépendant de la considération qu'on peut avoir pour certaines familles ou certains individus, et refuser à d'autres : c'est un fait historique et rien de plus.

Il reste à parler de ce que j'ai appelé noblesse de caste ou d'opinion ; c'est-à-dire de cette noblesse fondée sur la race, l'origine, les services, les distinctions et les traditions des familles : noblesse caractérisée par des prétentions de supériorité physique et morale sur la roture.

Les assemblées des électeurs de la noblesse en 1789, étaient composées de nobles, d'origine singulièrement diverses. Il y avait là des nobles de la façon du ministre Pontchartrain qui vendait publiquement les lettres de noblesse deux mille écus ; des acquéreurs et des descendants des acquéreurs, d'une de ces nombreuses charges de cour, de robe, qui anoblissaient : chauffe-cire, garde-scel, greffiers, huissiers, secrétaires du roi, conseillers du roi en quelque partie, officiers commensaux, etc., etc., etc., tous bons bourgeois de race de vilains, ayant acquis une des *trois-mille-soixante-six* charges — Necker, dit environ *quatre mille* — qui au moment de la Révolution de 1789, donnaient la noblesse héréditaire à des conditions diverses. On y voyait encore des petits-fils de traitants enrichis, des gentilshommes dont l'origine remontait à un favori de cour, des arrière-petits-fils de bourgeois anoblis par l'acquisition d'un fief, ou par une charge municipale ; des descendants de sergents d'armes ou de francs-archers, ou d'officiers de fortune, mêlés avec des nobles d'origine plus ancienne, et d'autres appartenant à des familles historiques ou illustres : nobles de billon, de cloche, de robe et d'épée, se coudoyaient dans ce collège électoral, très mélangé comme on voit; mais qu'importe. Je l'ai déjà dit, sauf quelques réserves, tous les descendants de ces électeurs, quelle que fût leur origine, appartiennent à l'ordre de la noblesse incontestablement et en bloc. Mais s'il s'agit de la considération que peut mériter telle ou telle famille, ou tel et tel individu, il faut distinguer les espèces et faire des sélections. Il y a des origines honorables, il y en a d'indifférentes et il y en a de honteuses. Les familles qui montrent une longue suite de personnages éminents, vertueux, illustrés par leurs services désintéressés, ont droit à une certaine considération historique, lorsque cette série n'a pas été interrompue par le vice ou le crime ; mais cette considération ne peut pas bénéficier à la noblesse en général, en tant que corps distinct; car que peut-on devoir en ce genre, aux acheteurs de lettres de noblesse ? aux familles dont la fortune et l'illustration datent de la rue Quincampoix ? ou d'une favorite royale ? ou d'un brigand féodal ?

Je suppose que la postérité des deux derniers comtes de Périgord existe encore ; serait-ce un honneur que de descendre d'Archambaud V, ou d'Archambaud VI, ce chef de bandits qui avait mérité vingt fois la corde, et fut puni seulement par la confiscation de ses biens, et par un bannissement qu'il ne garda même pas ?

Plusieurs des plus illustres familles de France, ont été compromises dans le procès de la Voisin et de la Brinvilliers : est-ce que leur blason n'en est pas un peu taché ?

Est-il honorable pour une famille noble, d'avoir fourni un tribut de trois sœurs à la luxure de Louis le *Bien-Aimé* ?

D'autres familles se sont alliées à des filles du Parc-aux-Cerfs ; est-ce là, des alliances qui donnent le droit d'être fier ?

On pourrait multiplier les points d'interrogation, mais passons.

Je le répète : il faut examiner les espèces. Les caractères de mérite ou d'indignité ne sont pas toujours, d'ailleurs, bien tranchés. Telle famille qui s'honore d'un de ses ancêtres, ensevelit prudemment dans le silence, la mémoire d'un autre aïeul : mais dans ce cas il y a lieu à compensation. Par exemple, quand un prétendant franchit une dizaine de générations pour se réclamer d'Henri IV, il ne devrait pas oublier

Philippe Egalité, votant la mort de Louis XVI; ni le Régent, expirant dans les bras de la duchesse de Phalaris; ni Philippe d'Orléans, l'ami suspect du chevalier de Lorraine, et de Rusé d'Effiat, qui présenta à *Madame* l'eau de chicorée.

Les races en général, sont loin d'offrir cette constance dans les traditions de loyauté, de fidélité et d'honneur, cette homogénité dans les caractères donnés comme distinctifs de la noblesse. Considérées dans leur ensemble, on y trouve des hommes illustres ou de mérite, des vicieux, des coquins et des hommes ordinaires, ceux-ci en majorité, comme partout; chacun peut faire cette expérience, on en trouvera peu d'irréprochables. Ne cherchons pas d'exemples infîmes, prenons une famille royale, par exemple.

Que de criminels, d'imbéciles ou de rois nuls, parmi ces descendants d'Hugues Capet! quelles femmes que ces trois brus de Philippe-le-Bel, et Isabeau de Bavière, et tant d'autres nobles princesses!

Passons à une branche, celle des Bourbons.

Voici d'abord le connétable Charles de Bourbon, rebelle à son roi, traître a ses serments, ennemi de sa patrie, qui envahit la France à la tête de troupes étrangères, et comme un chef de routiers, mène sa bande au pillage de Rome, où il est tué.

Au XVII° siècle, voilà un autre Bourbon rebelle, le comte de Soissons, tué à La Marfée en combattant les troupes royales.

Et maintenant voici le grand Condé; car non-seulement les races et les familles, n'offrent pas toujours cette unité de tradition et d'honneur, et ne sont pas constamment représentées par des hommes irréprochables; mais les hommes eux-mêmes sont divers, selon les temps et les circonstances. Le vainqueur de Rocroi, de Fribourg, de Nordlingen, de Lens; le héros qui sauva la France, l'illustre prince de Condé, enfin, est aussi le Condé de la Fronde, qui trempe dans de misérables intrigues de cour, fomente et fait ouvertement la guerre civile, et c'est aussi le Condé qui met sa glorieuse épée au service de l'ennemi, et qui envahit sa patrie avec les troupes espagnoles; et il n'a pas fallu moins que les services éclatants de ce prince, et l'éloquence magnifique de Bossuet, pour faire oublier ses crimes de lèse-majesté et de lèse-patrie.

En ce qui concerne la vie privée, commençons par Henri IV. Les qualités brillantes de ce prince gascon, font oublier un peu ses vices, qu'il a même été à la mode, d'ériger en vertus et de mettre en romances. Mais à moins d'admettre deux morales, l'une pour les rois, l'autre pour les peuples, il faut reconnaître que dans ses amours et ses caprices passagers, il se soucia fort peu de la foi conjugale et du mauvais exemple qu'il donnait à tous ses sujets. Son incontinence faillit lui coûter cher quelquefois, et il est triste pour sa mémoire, de dire que le prince de Condé, son parent, fut obligé de sortir du royaume, pour mettre sa jeune femme, à l'abri des entreprises de ce libertin âgé de cinquante-six ans.

Passons à Louis XIV. Celui-ci n'apportait pas dans ses amours la bonhomie facile de son aïeul, mais il les affichait avec une orgueilleuse impudence. Sous son règne, le scandale et l'adultère s'étalèrent ouvertement, eurent rang à la cour, et furent imposés aux respects des courtisans et des prélats, qui s'inclinèrent.

Sous Louis XV, ce n'est plus de l'amour ni du caprice, c'est de la débauche et du libertinage effrénés, qui nécessitent un pourvoyeur spécial. Sa luxure va des grandes dames titrées, aux prostituées; des femmes faites aux enfants de onze ans, comme la petite Tiercelin.

Voici donc trois princes, trois rois, dont les mœurs laissèrent fort à désirer, et qui n'ont sur ce point, qu'une ressemblance assez éloignée avec saint Louis, leur ancêtre.

On peut remarquer au surplus, que la postérité descendue de ce saint roi, par Robert de Clermont, a toujours été très incontinente. Dans la généalogie de la maison de Bourbon, je relève rapidement cent quatorze bâtards connus, sans parler des autres, depuis Jean, bâtard de Louis I*er*, jusqu'aux deux filles naturelles du dernier duc de Berry et d'Amy Brown. C'est un chiffre, je ne dirai pas respectable, mais très démonstratif.

Les rois qui eurent le plus de bâtards, adultérins ou autres, sont Henri IV avec *douze*, et Louis XIV avec *quinze*. Quant à Louis XV, on n'en trouve que *douze*, mais il en eut plusieurs morts en bas-âge, sans avoir eu de situation définie. Il faut remarquer aussi, qu'il mariait quelquefois les filles du Parc-au-Cerfs, lorsque leur grossesse était constatée, en leur donnant une riche dot. La Morphise eut ainsi 200,000 livres, et son premier mari, Jacques de Beaufranchet, seigneur d'Ayat, reçut 50,000 livres pour accepter l'enfant.

Dans un autre ordre d'idées, n'oublions pas en passant un monstre, Charles de Bourbon, comte de Charolais, qui rentrant de la chasse, de sang-froid, par pur plaisir, pour montrer son adresse, abat d'un coup de feu un couvreur travaillant sur un toit.

Qui sait de quel poids cet odieux assassinat impuni, a pesé dans la balance de *Quatre-vingt-treize?*

Passons à un autre point de vue, celui de l'intégrité de la race, de la pureté du sang.

Ce ne serait pas abuser de l'hypothèse, que de supposer que parmi les femmes de ces seigneurs si incontinents, au temps des cours d'amour, des troubadours, des pages, des petits soupers du Régent et des orgies de Louis XV, il y en ait quelques-unes, qui aient eu des faiblesses graves à ce point de vue. Mais je veux que toutes ces nobles dames aient toujours été fidèles à leurs époux qui l'étaient si peu à elles-mêmes; j'admets que ces reines qui avaient des favoris, qui n'aimaient guère ou détestaient même leur mari, comme Marie de Médicis, lui aient gardé une exacte fidélité et aient été des modèles de vertu; l'histoire proteste sans doute, qu'importe : Je n'élève aucune suspicion contre la légitimité de Louis XIV, né après vingt-trois ans d'aversion et de stérilité ; je veux que les grandes dames à qui leurs goûts avaient fait donner le nom de *citadines* et de *valétudinaires,* aient précieusement conservé la pureté de la race; voyons les alliances authentiques : il serait trop long de compter les mésalliances de la noblesse, tenons-nous-en à la famille royale.

Les rois de France se sont alliés deux fois aux Médicis; or ces Médicis, loin d'être des nobles d'ancienne race, étaient d'une famille plébéienne où l'on comptait des marchands, des banquiers, des bourgeois, et qui s'était élevée par ses richesses acquises dans le commerce, et la valeur personnelle de quelques-uns de ses membres ; les Médicis étaient en un mot, des roturiers devenus grands-ducs de Toscane, des anoblis. Au point de vue nobiliaire, c'était une véritable mésalliance.

Mais voici bien autre chose.

A partir de Louis XV inclus, tous les Bourbons ont dans les veines du sang d'un notaire du Berry, par Marie Adelaïde de Savoie, mère de ce prince.

Vers 1470, il y avait à Bourges un notaire appelé *Babou,* dont le père avait été barbier, croit-on. Ce notaire ayant fait fortune, acheta pour Philibert Babou, son fils, une charge de Trésorier de France. Ce Philibert devint maître d'hôtel de Charles VIII, et il eut pour fils un Babou, sieur de La Bourdaisière, maître de l'artillerie en 1539. La fille de ce Babou de La Bourdaisière fut la mère de Gabrielle d'Estrées, dont César de Vendôme était le fils naturel. César de Vendôme fut marié à une fille, héritière des Mercœur, dont il eut Elisabeth de Vendôme, mariée à Charles-Amédée de Savoie, duc de Nemours. De ce mariage naquit Marie de Nemours, qui épousa Charles-Emmanuel de Savoie, dont elle eut Victor Amédée, duc de Savoie, roi de Sardaigne, qui fut le père de Marie-Adélaïde de Savoie, mère de Louis XV.

Il paraît que ce prince connaissait cette origine roturière et s'en amusait avec ses courtisans. On lui prête ces paroles à ce sujet : après avoir raconté cette filiation il ajoutait : « Vous voyez, Messieurs, que mon dixième aïeul était comme je vous le disais, un très digne notaire de Bourges, dont le père aurait même été barbier. Je ne le renie point, je n'en ressens aucune honte, et je vous invite tous, tant que vous êtes, à ne pas être plus difficiles que moi en arbres généalogiques. »

La leçon n'était pas inutile. Parmi les gentilshommes de cette époque, si fiers de leur naissance, combien avaient dans les veines du sang roturier, et non du plus pur? Les nobles qui avaient épousé des filles de traitants, de maltôtiers, pour redorer leur écusson n'étaient pas rares ; alors comme aujourd'hui on pouvait en citer, et des plus illustres familles.

Sous la Régence, à l'époque où la haute noblesse professait pour les robins, ce mépris que Saint-Simon exprime avec tant de passion; le Parlement fit rédiger et présenter au Régent, un mémoire historique pour confondre l'orgueil de ces ducs et pairs, en montrant l'origine obscure de la plupart d'entre eux, et quel sang roturier coulait dans leurs veines,

Ainsi la roture apparaissait jusque dans la première noblesse de France, qu'eût-ce été des nobles ordinaires et des simples gentilshommes?

J'ai pris les faits les plus marquants, mais cela suffit. L'exemple de la maison de Bourbon fait voir que les traditions d'honneur et de vertu ont été fréquemment interrompues ; et il montre aussi combien sont vaines et chimériques, ces orgueilleuses prétentions à la pureté d'un sang précieusement préservé d'un mélange roturier.

Que les nobles le veuillent ou non, et quelques-uns en font un argument en faveur de l'institution, lorsque l'on considère la noblesse dans ses origines diverses, on constate qu'elle est depuis les temps historiques, l'aggrégation successive des roturiers qui se sont élevés par leur valeur personnelle ou à la faveur des circonstances, en un mot qu'elle s'est recrutée continuellement dans le peuple, et qu'elle le devait nécessairement sous peine de périr. Je veux que les chefs Francs de la conquête aient été, sinon la seule origine de la noblesse, du moins les premiers nobles ; mais encore ils n'étaient que les élus de leurs égaux : le vase de Soissons témoigne de cette égalité, devenue sous Clovis un anachronisme ; mais où sont les descendants de ces premiers nobles? presque tous périrent à la bataille de Fontenai en 841.

Laissons là les fables des chroniqueurs et celles des généalogistes;

les ducs de Lévis descendant de la Sainte-Vierge, et les anciens Lusignan avec leur fée Mélusine, et les premiers barons chrétiens baptisés avec Clovis, et ceux qui remontent au déluge.

Où est la postérité des nobles Carlovingiens?

Passons à la troisième race. Où sont toutes ces familles nobles du temps des premiers Capétiens, dont nous trouvons les noms dans les chroniques, et dans l'histoire? Il y en a encore, sans doute, mais elles sont disparues pour la plupart, malgré les substitutions qui ont fait revivre les noms. Les guerres féodales, les croisades, la guerre de cent ans, les guerres de religion, celles de Louis XIV, et plus que tout cela, le temps qui éteint naturellement les races, ou les fait tomber en quenouille, ont produit ce résultat. Il a donc bien fallu recruter la noblesse, sous peine de voir finir l'institution. Alors les rois ont concédé des lettres de noblesse moyennant finances, et les ont quelquefois imposées, aux riches roturiers comme ce marchand de bœufs de la vallée d'Auge; alors les bourgeois acquéreurs de fiefs nobles sont devenus nobles; nobles aussi sont devenus les chefs de bandes établis dans un pays conquis; nobles encore les gens d'armes; les soudards des seigneurs, récompensés avec un petit fief; les capitaines de partisans arrivés à la pointe de l'épée, et les magistrats parvenus par leur argent ou leur savoir; nobles enfin tous ceux que leur valeur personnelle, leur fortune, leurs services, leur science, leurs vices et leurs crimes trop souvent, mettaient hors de pair.

Après les notables exemples que j'ai donnés plus haut, je serai bref en fait d'exemples locaux; en voici deux assez caractéristiques: Parmi les châteaux qui environnent Montignac, l'un a été anciennement rasé pour crime de rébellion ou de trahison, et l'autre a vu pendre à sa porte, par les pieds, un paysan coupable d'avoir tué une perdrix sur les terres du seigneur. Y a-t-il là quelque chose dont les descendants puissent se vanter?

En général, la noblesse de province valait mieux que la noblesse de cour, mais cela ne veut pas dire qu'elle fut irréprochable, il s'en faut; il y avait beaucoup de petits tyrans parmi les nobles de village, et des Louis XIV au petit-pied, qui exerçaient le droit du seigneur autour de leur gentilhommière. Il en est qui sont devenus légendaires, comme celui de Reignac.

Voici un extrait d'une plainte adressée le 8 avril 1743 au procureur général du Parlement de Bordeaux, par Jean Labrousse sieur du Chapial, le même sans doute qui a fait dresser l'acte relaté plus haut, contre un petit hobereau du village de La Rivière, alors de la paroisse d'Auriac.

Après avoir exposé que la voie ordinaire de la justice réglée lui occasionnerait des dépenses considérables, le plaignant invoque l'autorité du Procureur Général, et pour le déterminer à agir, il expose les faits et gestes dudit hobereau :

..... « 1° Il excéda un homme cruellement au bourg de Thenon,
» aussy en Périgord et dans l'église, dans le moment que le sieur curé
» donnait la bénédiction du Saint-Sacrement. 2° Il jeta un jeune enfant
» dans un lac; le père de l'enfant l'ayant voulu secourir, ce particu-
» lier lui tira un coup de fusil dans une cuisse et le blessa dangereu-
» sement. 3° Ayant rencontré un homme du même bourg de Thenon,
» l'assomma de coups et lui rompit un bras. 4° Les domestiques du
» séminaire de Périgueux passant près de sa maison les excéda sy
» cruellement, qu'ils eurent toute la peine possible de se retirer au
» bourg d'Auriac pour se faire panser. 5° Passant aussy près de sa
» maison des gens d'Auvergne, il les excéda et les fit excéder sy
» cruellement par ses domestiques, qu'ils eurent de la peine à se réfu-
» gier dans un moulin près de l'endroit où ils avaient été excédés, et
» furent forcés d'y rester plusieurs jours à cause des excès graves
» qu'ils avaient ressus. 6° Ayant entendu tirer de sa cour dans un
» village appelé de Mazerat, il y accourut à cheval, entra à cheval
» dans la maison d'un bourgeois de ce village, le sieur Bosredon, il
» attacha son cheval à la quenouille d'un lit, visita partout, jusque
» dans le grenier, disant avec des juremens exécrables, qu'il voulait
» tuer ce bourgeois. Enfin le remonstrant pour ne pas fatiguer votre
» Grandeur, ne lui rappellera pas toutes les actions noires et indignes
» que ce particulier a commises et commet journellement. Le remons-
» trant se bornera simplement d'avoir l'honneur de vous observer que
» ce particulier se porta, le 13 février dernier, à l'extrémité de venir
» devant la porte du remonstrant et dans sa cour, armé d'un fusil
» et accompagné d'une meute de chiens, l'appeler en duel, luy disant
» qu'il sortit et qu'il le suivit, et qu'il irait partout où il voudrait, avec
» cette époque remarquable, que ce particulier commit cette action
» violente, après avoir quelques jours auparavant, excédé cruellement
» le suppliant et ses domestiques.....»

Le sieur Labrousse après avoir fait connaître au Procureur Général qu'il avait déposé déjà sa plainte, au Lieutenant criminel du siège de

Sarlat, indique comme pouvant témoigner des faits qu'il dénonce, les curés d'Auriac et de Thenon.

Une annotation à cette pièce, indique que la plainte fut renvoyée à M. Lidonne, Procureur du roi, au Sénéchal de Périgueux, pour instruire l'affaire et vérifier les faits.

Tous les nobles n'étaient certainement pas semblables à ce chenapan ; mais on conviendra sans doute qu'ils pouvaient être hautains, insolents et tyrans, sans aller jusque là, et se rendre insupportables à beaucoup moins.

Les faits de ce genre, aident à comprendre la Révolution.

« Le devoir auquels les nobles sont indispensablement tenus, disait » autrefois Ferrière, consiste, non-seulement à ne point faire d'acte » dérogeant de leur qualité, mais encore à relever l'éclat de leur » noblesse, par la probité, la douceur et la pratique de toutes les » vertus. »

A ce compte, je ne sais s'il y a jamais eu beaucoup de nobles remplissant exactement leur devoir.

Je finis ces exemples digressifs, pour revenir au point de départ de ce paragraphe qui peut se résumer ainsi :

En ce qui concerne la particule :

Tous les nobles datant leur origine d'avant 1789, la portent aujourd'hui ; mais il s'en faut de beaucoup que tous ceux qui la portent soient nobles.

Comme on l'a dit spirituellement, si le *de* n'est pas l'insigne de la noblesse, il en est l'enseigne : ajoutons que cette enseigne trompe souvent.

A l'égard de la noblesse que j'ai appelé légale :

Les descendants des électeurs de la noblesse en 1789, sauf quelques réserves déjà indiquées, peuvent être considérés comme historiquemement nobles.

En ce qui est de la noblesse de caste, de race, ou de droit divin :

Sur ce point, il n'est pas possible de porter un jugement général, ni de donner une définition rigoureuse, applicable à tous les cas, ou un criterium pour juger des espèces. Entre la postérité de Bayard et celle d'Olivier le Daim, par exemple, il faudrait distinguer, et savoir si les uns n'ont pas dégénéré, tandis que les autres se sont relevés. C'est à chacun de discerner les origines de chaque famille, d'étudier sa conduite dans le passé, de faire la balance des bonnes et mauvaises actions, de démêler ses alliances, et enfin d'examiner si ses vertus et ses bienfaits ont pu lui mériter la reconnaissance publique.

Ceux pour qui le passé prime le présent, peuvent peser toutes ces choses, et même considérer comme noble, dans la seconde acception de ce mot, tel qui serait indigne d'être un ancêtre. Mais en ce temps-ci, une conception plus haute de la Justice, fait du mérite ou du démérite une chose purement personnelle : en général on s'en réfère plutôt à la personne présente qu'à ses aïeux. Le noble recommandable par lui-même, n'a pas besoin d'ancêtres, et celui qui ne l'est pas, invoque en vain les siens.

L'ancienneté de la race, les titres, les honneurs, les distinctions, sont donc des choses auxquelles chacun attachera un prix différent, selon son état, sa condition sociale, son éducation et ses préjugés. Les intéressés, les gens du monde, les roturiers impatients de l'égalité, les ambitieux de toute espèce, y attacheront un grand prix, quelques-uns pour en trafiquer ; le philosophe et le vrai chrétien, les regarderont comme néant ; les timorés, les incertains, flotteront indécis entre ces deux extrêmes, au hasard des faits et des circonstances, et finiront par rester assis entre deux selles, selon les us du juste milieu.

A tous les fils de la France nouvelle, qui aux affirmations hautaines et aux prétentions orgueilleuses des nobles, ont répondu par des négations absolues, il faut représenter que la vérité s'accommode mal des jugements passionnés, comme des préjugés de caste. Les vieux griefs de la démocratie contre la noblesse, sont assez formidables, pour qu'un républicain convaincu puisse avouer qu'elle a produit, cependant, des hommes qui ont honoré la Patrie Française et l'humanité. Y eut-il quelque danger à cela, que ce serait encore un devoir de justice de le reconnaître : mais faut-il en faire honneur à l'institution ? il est permis d'en douter. On peut considérer la noblesse comme ces ruines de châteaux féodaux que l'artiste et l'archéologue contemplent avec intérêt, mais dont le citoyen voit philosophiquement les décombres, et dont les restaurations ou les imitations tentées çà et là, apparaissent comme d'énormes anachronismes.

A ceux qui sont fanatiques de noblesse, et dont le jugement est obscurci et la raison troublée, par la fiction du *sang bleu*, on peut objecter que la nature, n'ayant pas créé une race d'hommes nobles, spécifiquement supérieure aux autres hommes, quelque haut que puisse remonter une famille, le premier ancêtre est un roturier anobli. Et pour passer d'une vérité générale incontestable, à ses applications particulières, on peut leur citer La Chesnaye des Bois, s'écriant à propos de la noblesse : « Toute la bourgeoisie y passera ! » Et le généalogiste

Chérin disant à l'époque de la Révolution; que trois mille familles nobles tout au plus, avaient des titres remontant à quatre cents ans; que sur ce nombre, quinze cents seulement descendaient des possesseurs des fiefs militaires; que la noblesse de huit mille familles, venait des charges, presque toutes vénales, possédées par leurs membres; et enfin que la noblesse de six mille autres familles avait été achetée à la pointe des écus.

A tous ceux qui ne voient rien au-dessus d'un titre nobiliaire, on peut rappeler que le président de La Roche-Flavin, témoignait en son temps, combien de Charles IX à Louis XIII inclus, les titres de comte et de marquis avaient été *mulipliés* et *profanés*; que Saint-Simon atteste que ces titres étaient *tombés dans la poussière*, par la quantité de gens de rien qui les avaient usurpés; ce que disent aussi Bussy-Rabutin et Madame de Sévigné; et enfin que le généalogiste Maugard disait en 1788 : « Il y a au moins huit mille marquis, comtes ou barons, dont deux mille au plus le sont légitimement; quatre mille bien dignes de l'être, mais qui ne le sont que par une tolérance abusive. »

Ces opinions de gens compétents, sur la valeur de la noblesse et la légitimité des titres, pourront leur inspirer quelques salutaires réflexions.

Et si ces autorités étaient récusées par eux, il ne resterait plus qu'à leur recommander la méditation de ces paroles d'Alphonse, roi d'Aragon, qui, s'entendant louer d'être fils de roi, neveu de roi, frère de roi, répondit :

« *Je compte pour rien ce que vous estimez tant en moi; c'est la grandeur de mes ancêtres et non la mienne. La vraie noblesse n'est point un bien de succession; c'est le fruit et la récompense de la vertu.* »

Bordeaux. — Imprimerie A. DELAGRANGE.

www.ingramcontent.com/pod-product-compliance
Lightning Source LLC
Chambersburg PA
CBHW060507050426
42451CB00009B/854